Mien Tresken

Vörtellsels
Döhnkes
lütke Weisheiten

in Mönsterländer Platt
verfaßt oder gesammelt
von

Bernard Walbaum

VERLAG LECHTE · EMSDETTEN

1.–4. Tausend November 1981
5.–9. Tausend Januar 1982

Zeichnungen und Titelvignette Paul Wenkers
Einbandgestaltung Heinz Westkamp

ISBN 3–7849–1124–2

Satz und Druck, Verlagsdruckerei Lechte

Bernard Walbaum / Mien Tresken

In memoriam

Gerhard Walbaum 1955†
Elisabeth geb. Eilers 1923†

Vüörwaort

„Usse Bennätzken“ draff nich alleen bliewen, et mot nao 'ne Süster häm'm. Dat saggen mi faken Frönde von usse plattdütske Spraok, de dat Book liäsen häbbt.
Ick häw mi deswiägen nao eenmaol hennset't un in miene aollen Dage „Mien Tresken“ schriewen.
Viell Geschichtkes un Döhnkes, de mi ut mien Liäben nao bekannt sind, de häw ick upschriewen. Viell schöne Vörtellsels un Döhnkes kreeg ick obber auk von fröhlikke Mensken, de met iähre Biedriäg annere Lüe Freide brängen willt. Füör alls bin ick recht dankbaor.
Ick häw dat Tresken düör't ganze Book pättkern laoten. Wenn ick daobi auk äs derbe-Wöere brukt häw, dann deswiägen, weil se to usse plattdütske Spraok höert.
„Mien Tresken“ is etwas anners äs „Usse Bennätzken“. Ick gleiw obber doch, dat Tresken de Liäser jüst so guet to't Lachen brängen kann, äs Bennätzken, un hiärtlick lachen helpt de Lüe von vandage faken nao biätter äs manche Medzin.

Un nu lao't Ju düfftig guet gaohen, leiwe Lüe!

Bernard Walbaum

Rheine, im Oktober 1981

„Wenn't in Westfaolen kinne Wallhiegen un kin Plattdütsk mähr giff, dann ist Schönste d'rut."

Dr. Johann Bernard Brinkmann
(Bischof von Münster 1870–1889)

Stirbt unsere Heimatsprache aus?

Unsere plattdeutsche (niederdeutsche) Sprache findet zwar in Heimatvereinen und niederdeutschen Verbänden wachsende Vorliebe und eine größer werdende Anhängerschaft, aber dennoch geht der Gebrauch der schönen alten Heimatsprache mehr und mehr zurück.
In manchen Dörfern und Kleinstädten, in denen vor einigen Jahrzehnten jeder mit jedem plattdeutsch sprach, wird man heute kaum noch etwas anderes hören als Hochdeutsch. Vor allen Dingen auf dem Lande sprechen zwar die Eltern miteinander noch plattdeutsch, die Kinder können es aber vielfach schon gar nicht mehr, oder sie tun so, als ob sie es nicht könnten. Schuld an dem Schwund der plattdeutschen Sprache sind die Menschen selber, wenn sie ihre Heimatsprache aussterben lassen oder sich sogar ihrer schämen. Der Schwund der Sprache setzte schon vor vielen Jahrzehnten ein, bei den „besseren" Leuten und denen, die sich dafür hielten. Bei der weniger begüterten Bevölkerung glaubte man, unsere plattdeutsche Sprache sei die Sprache der minderbemittelten, der armen Leute. Mit dem zunehmenden Wohlstand breitete sich dieser Gedanke weiter aus und die Sprache derer, die als „vornehmer" galten, wurde nachgeahmt. Dabei übersah man aber, daß die plattdeutsche Sprache die Amtssprache unserer Vorfahren war bis zur Zeit Dr. Martin Luthers.
Als dieser 1521 mit der Übersetzung der Bibel begann, gab es noch keine allgemeinverbindliche deutsche Sprache. Erst mit der Bibelübersetzung entstand unser Hochdeutsch, unsere deutsche Schriftsprache, die nur in geringem Umfange mundartlich und umgangssprachlich gefärbt ist. Unsere niederdeutsche Sprache, die

Sprache unserer Vorfahren im gesamten niederdeutschen Raum, lebte fort im Holländischen, im Flämischen und im Plattdeutschen.
In unserem norddeutschen Raum soll die plattdeutsche Sprache nicht länger ein kranker Patient bleiben. Deshalb haben namhafte Wissenschaftler und Persönlichkeiten aus Norddeutschland 1972 in Bremen ein „Institut für angewandtes Niederdeutsch" gegründet. Das Institut soll als Zentralstelle niederdeutsche Spracherzeugnisse, insbesondere der Gegenwart, sammeln und wissenschaftlich analysieren. Grundlage für die Institutsgründung war eine Untersuchung des Göttinger Professors Heinrich Wesche gewesen, der zu dem Ergebnis kam, „das Plattdeutsche ist ein kranker Patient, aber kein totkranker, Hilfe ist nötig."
Auch in unserem schönen Münsterland gibt es Orte, wo das Plattdeutsche gepflegt und gefördert wird, wo sich einsichtige Männer und Frauen zusammengefunden und dem Plattdeutschen wieder einen hohen Stellenwert gegeben haben.
Im norddeutschen Raum ist man vielerorts entschlossen, in den Schulen die niederdeutsche Sprache wieder zu lehren. Das war aus Rundfunksendungen zu entnehmen.
Als ich mich unlängst von Verwandten auf dem Lande verabschiedete, reichte mir der vierjährige Markus sein Händchen und sagte: „Onkel Bernard, holl die munter!" Wie schön klang das aus Kindesmund.
Hoffentlich heißt es bald wieder: „man küert wier plattdütsk."

Bernard Walbaum

So dumm sind de Buern nich

De Buer Schmolltkamp wull in'n Krieg schlachten. Daoto bruke he 'nen Schlachtschien, de he von't Amt haalen moß. Up't Amt was an denn Dagg Hauchbetrieb. De Buer moß in de lange Riege staohen un wochten. Nao so'nn Tietken dao fonk Schmolltkamp an to Schimpen.
„Ümmer düt Wochten, dat schmeck mi, dat häw wi aal bloß eenen to vördanken", sagg Schmolltkamp. Dat har een metkriegen, een von de hunnertfüfftigprozentigen Nazis. Un de zeige emm an.
Et duere auk nich lang, dao holl emm de Gestapo up. Se fröggen emm:
„Wen haben Sie damit gemeint, als Sie da vor vielen Menschen sagten, das haben wir alles einem zu verdanken?"
„Ja", sagg de Buer, „denn Churchill". Un he küere denn Namen genau so ut, äs he schriewen wäed.
„Denn Churchill, ach so, ja dann können Sie wieder gehn," sagg de Gestapo.
De Buer Schmolltkamp trock wier aff. Männ nao fief Minuten kloppe he an de Düör von de Gestapo, stoppe sienen Kopp soiäm düör de Düör un frogg:
„Nu säggt mi äs, häbb ih dann een annern mennt?".

„Wenn di all 'ne Kleinigkett inne Beene bränkt, dann kann man sick licht'n Beld von dien Format maken."

Dann sit't se biätter

Mährere Buernfrauen satten sunndags nao de Fröhmiß an'n Kaffeedissk un hollen so'nn nett Pröetken. Iärst wassen se an't Puggen von't Wiär, von iähren Gaoren, von de Kotten un de Katten un ick weet nich wat.
Dann fonk Tresken an to klagen un dann deihen de annern Fraulüe dat auk. Tresken sagg:
„Von Jaohr willt doch usse Höhner gar nich bröden. Se kluckt wull, obber se willt nicht sitten."
Dao wuss Reiners Klara obber gueten Raot. Se sagg:
„Man mot se met Weit fohern, dann gaoht se vansölwst sitten." De annern Dage wuor dat faots utprobeert un wüerklick, de Hohner satten äs'n Haukloß.
Et was in de Wiäk vüör Ostern. Tresken föhere met iähr Rad in't Naober-Kiärspel, üm to bichten, wu dat üörndlicke Christen to Ostern doht.
„Dao sind drei Häern's" sagg se, „un dao hätt man de Utwahl, un dao kümp man alltiet guet torecht."
Se geiht nao'n Pastor un wocht gedüllig, büs se an de Rieg kamm. Et soll grad' wat wäeden, dao mok de Pastor dat Gardinken löss un gonk drut. De Klock schlaog nämlick grad' sieben Uhr, un dao moß he an'n Dissk sien, denn Bendine, wat siene Hueshöllerske was, holl wahne up Pünktlichkeit.

Tresken dacht, nu män gau nao'n Vikar henn, de sitt nao drinn. Obber se is nao nich ganz so wiet, dao löpp de auk all herut. Tresken resselveere sich faots un boß wieder nao'n Kaplaon, denn de was nao togang. Obber dann höere se wull:
„Gelobt sei Jesus Christus," un drut was he, un he hat't auk wahne ielig, denn de jüngste Kaplaon konn et sick am wennigsten leisten, tolaat to kuemen.

Tresken is ratz vördreilick. Se nimmp iähr Fahrrad wier an'n Kopp un treckt aff nao Hues. An'n Hues sagg se dann to iähren Mann:
„Du Hubert, ick gleiw, wi müet't de drei Häern's auk äs 'nen Pucken (Sack) Weit brengen, villicht sitt se dann auk luck biätter."

„Well nao ümmer nich weet, dat de Huesfrau nie met iähre Arbeit ferrig wätt, dat is'n schlechten Tohöerer."

Franz wull hieraoten

Tückes Franz har'n nett Brütken an de Hand. He wull auk wull wanners hieraoten. Sien Vader wüör dao obber gar nich füör, he wull nao kinne junge Frau in Huese häm'm. Dao sagg he eenes gueten Dages to sienen Suohn:
„De Maria de is jä nett un guet, obber ick mot't di't säggen, de kannst du nich hieraoten, dao bin ick nämlick Vader drüöwer."
Franz trock schliepstiätsk aff, he was ganz truerig, obber wat't konn't helpen, he leih de Maria laupen un soch sick 'ne annere Brut. Auk dat was'n nett guet Wicht. De Vader will em dat wier kaputt maken un sagg em:

„Franz, ick mot di't säggen, auk de Agenes kannst du nich hieraoten, weil ick auk üöwer Agenes Vader bin."
Nu was Franz obber so iägerlick, dat he de Saak siene Moder vörtelle.
„Waat", sagg de Moder, „dat häw di usse Vader säggt, dao weet ick jä gar nicks von, du kannst de Agenes obber ruhig hieraoten. Sägg usse Vader män, he was jä gar nich dienen Vader."

„Mannslüe giewt gäen an, wu lang se met densölwen Anzug harümlaupt. Fraulüe daogiegen beklagt sick gäen, wu lang' se datsölwe Kleed driägen müet't."

Wi müet't män wochten!

Et was in'n Hiärwst. Buten was so'nn ruh, wunnerlick Wiär. Bi Straukamps hann'n se dat Häedfüer all anmakt. Dao satt Straukamps Franz met sien Tresken muorns bi't Kaffeepöttken. Franz de att üm düsse Tiet sien'n Knabbelsoppen un sien Tresken drunk 'ne graute Tass Kaffee met'n Twieback daobi. Dann hollen de beiden iähr Präötken.
An düssen Muorn sagg Franz:
„Du Tresken, höer äs, usse Hubert un Agenes, wann wassen de gistern aobend von de Kiärmes wier in Huese?"

„Och Franz", sagg Tresken, „so genau weet ick dat nich, obber laat wasst nich, dat week wull, un se häbbt sick beide gewiß guet upföhert. Wenn de beiden Kinner tosammen utgaoht, dann heff dat egentlick nicks to säggen."
„Obber Franz, wat ick di ümmer all säggen wull, un wao ick all so faken dran dacht häw, wi müet't us met de Tiet drüm kümmern, dat usse Agenes an'n Mann kümp."

„Och Tresken", sagg Franz, „dao mak di män kinne Suorgen, dat mot sick von sölwst riegen, dat kann manks gau kuem. Wenn de Jung vandage nich kümp, ja dann kümp he iäm laater."
„Kick an," sagg Tresken, „so sinn ih Mannslüe ümmer, ih kiek't gar nich wieder, guete Jungs de wasst nich up de Eikbaim, dat wick di bloß säggen, un nu help män, dat wi usse Agenes guet unnerkriegt."
„Ick sall wull helpen Tresken," sagg Franz, „iähr Kindsdeel dat sall guet wäeden. Dao kümp auk nao wull 'nen gueten Jungen, dat sass män seihn, denn usse Agenes süht jä guet ut un düfftig is se jä auk."
„Dat stimmt wull," sagg Tresken, „dao sall wull äs eenen kuem, obber mi is nao längst nich egaol, we dao kümp, so'nn grauten Buernsuohn mot't sien, nich so'nn Jungen von'n Prumküötter."
„Och ja Tresken," sagg Franz, „man soll nich so haugniäsig sien, dat is gar nich guet un dat mock di säggen, von dat bineene küern, dao holl ick gar nicks. Twee junge Lüe de müet't sick sölwst söken un finn'n, dann wett dat miärstens richtig. So guet ick kann, will ick Agenes helpen, auk will ick daofüör biäden, obber süss müet't wi män wochten, usse Häerguott heff dat alltiet nao richtig makt."

„De miärsten Wichter willt leiwer schön äs gescheit sien, weil de miärsten Mannslüe biätter seihn äs denken könnt."

Irwersüeksk
(eifersüchtig)

De Buer Hermann Schönfeld de har 'ne wunnerschöne Frau, de Hedwig. Dao was he auk ganz stolt up. Siene Hedwig deih dat so richtig geneiden. Wao't män poss, dao deih se em auk gäen luck foppen.
Eenes Dags dao moss Frau Schönfeld nao'n Dokter. Äs se trügge kam, dao frogg de Buer siene schöne Frau:
„Sägg äs Hedwig, wat häw de Dokter dann faststellt?"
„Och ja Hermann", sagg se, „he män't ick har 'ne sehr schöne Figur."
„So-so, kick äs an," sagg Hermann, „wat häw he dann süss nao faststellt?"
„Ja --, he sagg auk nao, dat ick schöne Been har", sagg Hedwig.
Dat was denn Buer Hermann doch toviell un so frogg he dann ganz upgeregt: „Häw he dann nicks von'n Dickkopp säggt?"
„Nee-", sagg Hedwig so ganz gelaoten, „von di häw he üöwerhaupt nich küert."

„De Ehemann dat is'n Kärl, de, wenn he äs'n Asskepöttken rein makt heff, denn Anschien maken will, äs wenn he dat ganze Hues putzt heff."

Dat Seemannsgraw

Bennatz un Tresken wassen boll füfftig Jaohr vörhieraot, un se dachten nao längst nich an't Dautgaohen. De Kinner un de Naobers wullen 'nen graut Fest ut de Goldene Hochtiet maken, obber daomet wassen de beiden Aollen nich invörstaohen.

„Nich so viell Spektakel un Weherie", sagg Bennatz, „denn dat kann man up'm aollen Dagg nich mähr so guet häm'm. Wi willt leiwer vörreisen, äs eenmaol 'ne richtige Wiältreis maken. Un dann wies ick usse Mama äs luck de graute Wiält, wo ick fröher äs Matrose üöwerall all west bin. Ick häw iähr dat jä all so faken vörtellt, obber dat mot ick iähr doch nu auk äs eenmaol richtig wiesen.

Wi föhert dann von Hamburg nao'n Norden büs buowen nao Spitzbiärgen, wao de Sunn summerdags nich unnergeiht. Un dann föhert wi nao Süden. Un in Madagaskar makt wi dann een paar Wiärk Station. Dao bin ick nämlick niegenteihnhundertsiebenteihn in't Feldlazarett west. Wi harren nämlick richtig de Pest an Bord. Sietdem singt alle Soldaoten daovon dat schöne Leed, un se wiet't nich, dat wi daomet meint sind."

So wass't nu beschluotten, un so mosst auk män wat wäen, wenn Tresken dat auk manks all nich mähr so recht düchte. Bennatz satt siene aolle Matrosenmüssk wier up, un he har sick all sess Wiärken nich mähr raseert, wu dat up See jä so Mod is.

Se kam'm düör'n Skagerrak un Kattegat. Bennatz was egaolewegg an't Vörtellen, wu se niegenteihnhundertsessteihn so wahne dranschlagen harren un he dat iesene Krües kriegen har, wat he ganz stolt up siene Buorst drogg. Äs se wieder nao'n Norden kaimen, dao gafft'nen

wösten Sturm. Bennatz, de so wahne praohlt har, dat he seefast wüör, was kuort un guet dautkrank, kreeg nao'n Hiärtschlagg un was musedaut.
Wat nu? De Kapitän sagg: „Natürlich ein Seemannsgrab". He leih dat Volk buoben up't Deck antriäden, de Bordkapell spierle up, un nu leiten se Bennatz ganz langsam in't Water gliehen.
Män Vader wull nich unnergaohen, he schwamm buoben met siene viellen Pludden. Dao sagg de Kaptän: „Das werden wir gleich haben."
He leit een Sack Kuohlen halen, de wüör Bennatz up'm Puckel bunnen. Un äs he daomet dann so langsam afftrock, dao reip Tresken emm nao:
„Bennatz, ick häw ümmer wull wieten, dat du eenmaol in de Höll kamm's, obber dat du nu de Kuohlen nao sölwst metbrengen moß, dat häw ick doch nich wietten."

„Wenn de Sunne wüeklick so viell Energie utstraohlt, äs alltiet säggt wett, wuso mäk dann 'nen Sunnenbad so fuul."

„Kaum'm Wuort is füör'n Mann so von Nutzen, äs'n Luow, dat he siene egene Frau giff."

Dat Spässken

Grönkamps Moder ut Huolk föhere met iähre Kinner in de Isenbahn von Stemmert nao Kinnerhues. Se wullen de Oma besööken. Unnerweggs, up de Station Nordwoll, dao steeg 'nen Buer in't Abteil. De Kinner satten arig bi de Mama. De Buer sette sick daal up de Bank. Daobi passeere emm wat Mensklicks, he leih unbedacht derbe een'n trecken.
De Kinner, hellup föngen se an to lachen un de grauten Lüe an to grinsen.
De Buer lait sick obber üöwerhaupt nich ut de Fassung brengen un sagg:
„Wat kam'm doch so Kinner billig 'nen Spässken maken."

„Wenn't de Iesel to wohl geiht, dann geiht he up't Glatties."

„Wi willt us wier vördriägen"

Von denn aollen Pastor Brüggen-Häer
vörtellt man manche aolle Mär.
Sien schwaore Amt deih he vörstaohen,
he konn auk guet met Lüe ümgaohen.

De Saaken, stönn'n se auk nao so schlecht,
he kreeg se ümmer wier torecht.
Dao kamm bi emm äs'n Ehepaar
bi dat de Leiwe alle war.

Et gong bi iähr nao Trummelnoten,
se wull'n sick deshalb scheiden laoten.
Se saggen beide: „Trennt us iäben,
wi könnt nich mähr tosammen-liäben."

De Pastor mok nu 'ne ernste Miene
un sagg indrinklick: „Janns un Stiene,
ihr wollt jetzt auseinandergehn,
das kann ich wirklich nicht verstehn.

Ihr seit doch richtige Eheleute,
Janns Kimmel, sei du der Gescheite,
reich' deiner Frau die Friedenshand,
und löse nicht das heilige Band."

„Ick kann dat nicht", sagg dann Janns Kimmel,
dat is unmüerglick bi Guott in'n Hiemmel.
So kann dat doch nich wiedergaohn,
ih müet't us utenanner daohn."

Daorup sagg de Pastoren-Häer,
„so will ich's tun, doch es ist schwer."
He höng de Piepe an de Wand
un namm so'nn Knüebel in de Hand.

Ick sägg ju, dat was kinn'n schraoen.
Dann deih he nao sien Schapp henngaohen
un nam'm Book, ganz dick un schwaor,
un sagg: „Nun tretet beide vor.

Du hier, und du mußt dorthin treten,
ich will euch auseinander beten."
Dann lass he düör, dat iärste Blatt,
un äs he dat to Ende hat,

kreeg Janns äs eenen met'n Stock
so mitten üöwern Sunndagsrock.
Un dann lass he de twedde Siet,
un äs he daomet was sowiet,

dao kreeg'nen saftigen de Stiene,
de krümmde sick daorup vüör Piene.
Un äs de diärde Siet was ut,
kreeg Janns wier eenen in de Schnut.

Denn veerten höer wier Stiene to,
se schreiede düfftig „Mario".
So gong dat wieder met Gestöwer,
se kreegen beide guet wat drüöwer.

Äs Janns denn teihnten har betrocken,
dao deih he denn Pastor äs fraogen,
„duert dat nao lang' so, leiwe Häer?"
„Gewiss" sagg de, „es ist sehr schwer,

zu trennen zwei vereinte Wesen,
ich muß das Buch zu Ende lesen."
„Kuem Frau", reip Janns „gaoh met herut,
dat höllt nich äs de Düwel ut.

Daogieggen was't män äs bi Blagen,
wenn wi us mangs häbbt auk äs schlagen."
Un Stiene sagg: „Wi willt us wier vördriägen,
so 'nne Schläg häbb ick von di nich kriegen.

Dat Scheiden ist us doch to schwaor,
wi bliew't bineene, Häer Pastor."

Eene Moder sagg: „Wi seiht de Dinge met ganz annere Augen äs usse Dochter. Se will'n netten Mann un 'ne Familg, un wi willt, dat se endlick hieraot't."

De iärste Bicht
(so gescheihen)

Vüör guet teihn Jaohr dao wuorn de Kinner in so'nn klein Düörpken in't Mönsterland up de iärste Bicht vüörbereitet. Äs et dann to de iärste Bicht kamm, dao

mossen de Kinner iähre Sünden upschriewen un dann utwendig läern.
Brockötters Tresken har't auk al upschriewen. Bloß met dat sesste Gebott dao wuor se nich ferrig.
„Mamma, ick wet doch nich mähr, wu oft ick geehebrecht heff", sagg se.

„Ach Tresken", sagg Mamma, „dat hess du jä üöwerhaupt nich daon."
„Doch Mamma", sagg Tresken, „veermaol bestimmt, un tweemaol har ick nao wull briäken moßt, äs wi't lesste Maol schlacht häbbt, obber dat heff nao guet gaohen."

Leisings Bennätzken har siene Sünden auk schön upschriewen. Dao sagg he to siene Moder:
„Mamma, ick heff alls upschriewen, obber von't sesste Gebott dao weet ick nicks, kanns du mi äs säggen, wat man dao nich dohen draff."
Leisings Moder sette sich dann to emm un sagg emm alls, wat he wietten moß un wat he nich dohen droff.
Äs se alls vörtellt har, dao üöwerlegge Bennätzken so'nn birtken un dann sagg he so ganz trühiärtig to siene Moder:
„Nich Mamma, wenn dat so is, dann doh wi am besten so, äs wenn wi gar kinnen Äes häbbt."

„Luow helpt'n Kind, sick sölwst achten to läern."

De Breef an'n Kaplaon

Vüör mähr äs füfftig Jaohr wuor'n Kaplaon ut't Mönsterland in't Ruhrgebiet vörsett't. Dao wull he 'nen egenen Huesholt inrichten. Een öller Wicht u't Duorp wull met em ümtrecken un siene Hueshöllerske wäeden. Se schreew an denn Kaplaon 'nen Breef, de emm soviell Spaß mok, dat he'n etwas laater an 'ne Tietung in't Ruhrgebiet to't Bekanntmaken afgaff.
Hier denn Breef ut de Tietung:

Ährwürdiger Herr Kaplan!

Wie meine Freundin Truta mich schreibt, werden Sie verschickt und müssen eine eigene Hueshöllung anfangen. Was Truta mich da vorschlägt, gefällt mich gut, nämlich bei Ihnen Hueshöllerske zu werden. Das würde mich gerade jetzt gut passen, da meine Schwiegerin, ein Biest, die mich das Leben sauer macht. Auch die Blagen sind gar nicht nett zu mich, wie sich das gegen eine Tante gehört. Sie sagen, ich hätte keinen mitgekriegt un davon wäre ich eklich. Ich hätte genug herumgerüngelt und Josep Sandkuhl so manchen Halben traktiert, un er hätte doch nicht angebissen. Neulich sagte da so ein Rotzjungen zu mich, ich täte die Gewitters machen, da is aber garnich was von war.

Ich bin gesetzteren Alters, eben in die fünfzig. Das paßt sich aber ganz gut, da Sie ja noch jung und unerfahren sind. Ich habe auch keine Bekanntschaft un will auch von Mannslüe nichts wissen.

In allen Arbeiten bin ich perfäckt. Ich kann gurt kochen. Am besten Äerbsensuppe mit Schwieneklönkes. Wurstbrot will ich garnich machen, denn Truta hat mich gesagt, daß Sie den nicht mögen. Nun weiß ich nicht, wo Sie hinkommen? Wenn Sie einen Garten kriegen, da bin ich perfäckt in. Aalen (Jauche fahren) tue ich selber. Dafür brauchen wir keine Hilfe. Auch melken schlaget mich gut. Wie wäre es, wenn wir uns eine Hitte halten würden täten. Dann hätten wir wenigstens die Kaffeemilch ümsüss.

Ich täte Ihnen auch gut was mitbringen. Wenn sonn jungen Heern'nen eigen Huesholt anfangen will, dann ist das nicht einfach.

Ich habe gutes Potzschlein alles von meine selige Groß-

mutter. Dann habe ich auch manchen Rullen Linnen, die ich mich für alle Fälle angeschafft habe. Aber leider ist nix draus geworden und ich bin Jungfrau geblieben. Ick habe zu 24 Laken un alls.
Hühner wollen wir aber auch halten. So selbstgelegte Eier sind immer frischk un nich so teuer. Ich tue ganz sparsam wirtschaften. Sollen wir uns nich auch ein Schwienken halten? Da kann ich besonders gut mit umgehen. Nun bitte ich Ihnen, tun Sie Ihre Bakterbirnen män ruhig bei miene zusammenschmeißen. Es soll Ihnen nicht gereuen. Ich kann alles ins Grobe und ins Feine. Ich erwarte Ihnen stündlich zur Besichtigung.

Es grüßt Ihnen ährenbietig

(Unterschrift)

„We upfallen will, de dööt dat auk, obber miäst anners, äs he dat män't."

De deipe Draum

In Ollenkiärken dao satt de Gesangverein aobends nao't Singen nao so'nn Tietken bineen. Wu't dann so is, de eene Sänger vörtellt dütt, de annere datt. Dao sagg Öhm Georg:
„Hoffentlick kann ick van Nacht biätter schlaopen äs in de lessten Nacht."

„Was di't dann nich guet?", frogg Wiggers Anton em.
„Dat wull, obber ick har'n ganz deipen Draum, un de will ick ju nu äs vörtellen", sagg he.
„Ick was daut, ganz musedaut. Dao stonn ick in't lange witte Daudenhiemmd unnen an de hauge Hiemmels-Ledder. Niäben mi stonn usse Pastor met'n Wiehwaterquast un sprenge mi luck in. Un dann sagg he to mi: ‚Öhm Georg, diene Liäbenstiet is nu aflaupen, de Häerguott hölt de nu to sick in de Ewigkeit.' Un dann sung he up Latin, wao ick obber nicks von vörstonn.
Up de annere Siet von de Ledder dao stonn'n Mann in'n schwatten Anzug, de mok de ganze Saak ungemein spannend. De deih mi 'nen Stück Kriede inne Hand un dann sagg he mi:
‚So, Herr Georg Dassmann, jetzt müssen Sie alle Ihre Totsünden, die Sie in Ihrem Leben begangen haben, auf den Leitersprossen ankreuzen. Auf der untersten Sprosse die 1. Totsünde, auf der nächsten die zweite Sünde und so weiter. Alle Ihre Totsünden, die Sie begangen haben, werden Sie gleich beim Aufstieg wieder vor Augen haben. Und nun wünsche ich Ihnen einen guten Aufstieg in die Ewigkeit.'
Un dann bin ick upstiegen, up jede Sproß mok ick met miene Kriede een Stricksken.
Äs ick höcher kam, dao wuor de Wind ümmer rüsiger. Mien lange Daudenhiemmd dat flattere mi manks büs unnere Arms. Äs ick bi de fiefhunnerteihnte Sproß was, dao har ick miene Daudsünden alle anteekt. Dao dacht ick, nu löss dat Stück Kriede män nao unnen fallen, dann häss de rechte Hand frie.
Un dann kleie ick al män wieder höcherup. Vüör un unner mi up de Ledder saog ick nicks. Äs ick nao wiedere drei Dag un Nächt upstiegen was, dao saog ick, dat vüör

ömi auk een upsteeg. Ick dacht, in de Wiält des Häern, we mag dat wull sien.
Äs ick naiger an em herankam, dao saog ick't wull, dao wass dat de graute Buernführer, we dao alltiet gäen Spässken meck. Nu was he obber ganz olk, denn he satt in Dübels Naut, he konn nich wieder. Äs he mi saog, dao sagg he:
„Kärl, Öhm Georg, wuss auk nao'n Hiemmel?" Un dann sagg he wieder to mi:
„Sägg äs Öhm, kannst du mi nich 'nen Stücksken Kriede leh'n, ick kuem met miene Kriede nich ut."

„Ut't Fernsehprogramm kann man 'ne ganze Masse läern, vör allen, dat man fröher har schlaopen gaohen sollt."

Wat et nich alle giff!

De Pastor Multhoff de wull äs'n kranken Mann besöken. Äs he in't Hues kamm, dao was de Mann jüst daobi, sienen Jungen to vördiärsken. De Jung schreiede, watt män drin satt. Dao sagg de Pastor:
„Luck sinnig an! Un ick mein auk, de Dokter här ju krank schriewen."

Dao sagg de Mann: „Obber so lichte Huesarbeit hät he mi doch erlaubt."
Äs he denn Jungen vörkloppt har, sagg he nao to emm: „Wees du auk wull, waorüm du de Schliäg kriegen häss?"
„Jau", sag de Jung, „weil du stärker büs äs ick." Un dann jaomelt he nao vüör sick henn un sagg:
„Un dann willt miene Ellern nao 'ne Diärskmaschin kaupen, dann geiht et iärst äs richtig löss."

„Vörsöök niemaols, annere so to maken, äs du sölwst büs. Du wees jä - un Guott weet et auk - dat een von diene Sort genog is."

Usse Pastor hätt'n Vuegel

Hiärm un Franz hollen iähr Proetken.
Hiärm: „Franz, wat giewt Guets bi ju?"
Franz: „Et is Winterdagg, wat soll et dao all gierwen? Et geiht de Lüe so, äs de Kanickeln in de Büssk, se liggt in'n Bau un üemmelt sick so wegg. Bloß wenn de Magen knuert, un dat is bi Mensken un Veeh gliek, dann wäed se wier wacker."
Hiärm: „Ih häbbt doch vüörge Wiäk 'nen Fest fieert, un dao was doch sicher alles wier up'm End?"
Franz: „Jau, wenn de Trumm män geiht, dann löpp alls

löss. Ick häw all säggt, de Pastor de soll män äs 'ne Trumm un'n Schlaggtüch in't Üögel inbauen laoten. Un dann män luck Rucki-Zucki, dao soss du äs seihn, wat se alle metgöngen."

Hiärm: „Un nao een Deel, dao vüörne in de Kiärk, dao moss 'ne Thek sien, un dann aff un to luck Friebeer, wat meinst du, wat dat Volk dann nao vüörne trock. Un nu kann de Pastor säggen wat he will, se bliewt am leiwsten ächten unnern Üögelbüern, wiet wegg, dicht an de Düör, met een Been nao halw buten, denn de Kiäkenluft könnt eenige nich guet vördriägen."

Franz: „Ick häw höert, up't Fest wüör 'ne graute Vörloserie west, wat gaww et dao dann so?"

Hiärm: „Dao wassen heelen Dissk vuel Brocken, un de Lüe göngen drann, äs wenn de Schmitt up'm Amboß haut. Un manks wass et auk to't Lachen. De Jäger kreeg genau sienen Kanickel wier, we he schuotten har, un de Geschäftsfrau dat Klosettpapier, wat ut iähren Laden kamm. Dat nennt man höhere Vorsehunk."

Franz: „Dann sall de Pastor jä wull 'ne Pull Wiehwater kriegen hämm'm oder 'nen Pund Hannig, wat ut siene Fabrik kamm."

Hiärm: „Ne, de Pastor kreeg 'nen schönen Fasanenhahn. Un een bi us an'n Dissk mok faots de Bemiärkung:

„Ick häw et jä all ümmer dacht, obber nu weet ick et ganz sicher, usse Pastor hätt'n Vuegel, un nich äs so'nn kleinen."

„Wenn'n jungen Mann sick glücklick vörhieraoten will, dann soll he sick nao 'ne guete Moder ümseihn, un dann een von iähre Döchter frien - wat füör eene, dat spierlt kinne Rulle."

Wenn ick dran denk

Tresken was stiäwenskrank. Iähr Mann, de Buer, was bi iähr in de Kammer. Dao sagg se:
„Giärd, wi will't de män uopen üöwer küern, ick mot nu stiäwen. Du bruk's mi obber nich to beduern, du büs jä sölwst schlecht genog dran met dat Tröppken kleine Kinner. Un dat seih ick jä auk wull in, du kann's updedur ich alleen bliewen, du moss di jä wier 'ne Frau sööken. Obber wenn ick nu dran denk, dat 'ne annere Frau naichstens all miene schönen Saken krigg, de Möbel un dat schöne Pottslein, wat ick ümmer so acht un schont häw, dann wäed mi doch dat Hiärt schwaor."
Dao sagg Giärd: „Frau küer doch nich so, an sowat häw ick doch nao gar nich dacht." Kuort drupp sagg de Frau: „Un wenn ick dann denk an all mien Wiärks, wat ick in'n Keller häw un in denn Vüörraot, dat vielle Ingemakte un all de großartigen Wüörst, un ick was ümmer so stolt daorup. Un nu mäck sick dao 'ne annere Frau met plasseerlick."
Giärd foll iähr in't Waot un sagg: „Tresken, wu kann's mi dat andaohen, dat du nu von sowat küerst."
Kuort daorup fong de Frau nao eenmaol an un sagg: „Un wenn ick denk an miene schönen Kleder un all mienen Staot in miene Schäpp, dat doch naichstens 'ne früemde Frau sick daomet upspierlt."
Dao sagg Giärd so ganz bestimmt:
„Ne Frau, dao kann's du obber ganz unbesuorgt sien, de passt iähr nämlick üöwerhaupt nich."

„Bloß we arm is, weet, wat dat Liäben füör'n Luxus is."

Dat lange Kleedken

Fröher dao kreegen de kleinen Kinner up'm Lande iärst dann 'nen Büxken an, wenn se sauber wassen. Büs daohenn leipen se bi Mamma in't Kleedken harüm. Wenn se dann so mitten in de Kürk iähr Geschäftken mooken, dann namm de Moder luck Sand off Aschk up de Dreckschüpp, streihe dat up dat Heipken, kratze dann dat ganze Wiärk luck henn un hiär un namm't met'n gekonnten Schwung wier up de Schüpp, un dann schmeet se't düör de Ächtedüör nao buten. Dat Kinner-Aesken wuor dann met'n natten Lappen luck utputzt un dann gonkt wieder.

Robers Giärtken de was nu sowiet, he sagg Mamma ümmer, wenn he up't Pöttken moß. Nu kregg he't Kleedken ut un Büxken an un dao was he ganz stolt drupp. Et duere obber nich lang, dao mook Giärtken alle Dage sien Büxken wier vull.
„Giärtken, du Aos von de Jung, wenn du di nu wier inne Buxe schitts, dann kriss du wier 'nen Kleedken an, dat will wi doch äs seihn, wat wi met di de dohen häbbt, du büs aolt genog, du kannst dat wull upt Pöttken maken."
Giärtken mok wier sien Büxken vull. Nu kreeg he wier'n Kleedken an. Dat poss emm gar nich, he was recht lurig. Dao kamm'm Paoter ut Mönster, de wull kollekteen füör'n Krankenhues.
„Sett se sick män'n Moment henn, Häer Paoter," sagg de Moder, „ick gaoh iäm nao mienen Mann, de sall mi säggen, wat wi gierwen willt."
Se leih Giärtken so lang bi denn Paoter. Giärtken keek sick denn Paoter in siene lange Kledung so naodenklick an un dann sagg he to emm:
„Sägg äs, hess du di auk inne Buxe schierten?"

„Et giff bloß wennige, düfftige Lüe, de nich al äs Kinner düfftig wassen."

„Nix up de Wiält lött de Tiet so rassk vörstrieken äs'n Kaup up Raoten."

Dat Biärn aohne Hiärt

In Suerbirk dao gongen de Lüe guet nao Kiärk. Dao wass auk de Häer Pastor hellsk froh drüöwer. Annersiets was de Pastor sick obber gar nich sicher, dat siene Schöüpkes in de Miß met Hiärt un Siäl bi de Saak wassen. He wuor denn Gedanken nich löss, dat de miärsten Lüe de Tiet in de Kiärk so affstonnen. Wat nützt dat ganze Biärn, dacht he, wenn dat Gebätt nich von Hiärten kümp.
Eenes Dags dao wull he't doch wietten, wu andächtig siene Schöüpkes in de Kiärk würklick wassen. He wull de Saak äs up'm Grund gaohen.
Et was up'm Sunndag in de Fröhmiß. De Miß was guet besocht. Nu ist Tiet, dacht he, nu will ick't wietten.
Bi de Füörbitten dao biäre he u't Gotteslob:
Erfülle uns mit Liebe und Barmherzigkeit.
Antwort: Wir bitten dich, erhöre uns.
Daß die Eheleute fest bleiben in Treue.
Antwort: Wir bitten dich, erhöre uns.
Daß Eltern und Kinder einander verstehen.
Antwort: Wir bitten dich, erhöre uns.
Un so gong dat nao luck wieder.
Un dann biäre he:
Persil ist und bleibt ein gutes Waschmittel.
Antwort: Wir bitten dich, erhöre uns.
Nu wet't doch guet, dacht de Pastor, ick häw mi't obber dacht, dat bi de miärsten Lüe von vandage dat Gebätt Wöer aohne Hiärt sind. Un dat häw he siene Schöüpkes in de Priäg an'n naichsten Sunndag so ganz fien in't Gewietten küert.

Bennätzken har Glück

Et iss all mähr äs sesstig Jaohr hiär, dao wassen de Schouljungs in de Meddagspaose up'm Kiärkplatz an't Knickern. Se wassen jüst bi de Kiärk an't Utbiättern, daorüm stonn dao 'ne lange Ledder an'n Taon. Unnen up de Ledder satt Bennätzken un dreihe sich 'nen Lienken füör sienen Spinklaut.

Äs Hubert, wat so'nn lubriertsken Jungen was, dat saog, dao konn he siene Laighett nich laoten. He mok sick so stikum an Bennätzken heran, un wupps rädde he emm met so'nne Wucht dat Lienken ut 'n Mund, dat siene Tiähn anföngen to wackeln.

Nu wull he sick rassk vörkrupen, obber äher he wegg was, kreeg he von Bennätzken een'n met'n Foot nao, dat he so lang äs he was, an'n Grund flaog. He fonk an to schreien, äs wenn he 'nen Messer in de Kiähl sitten har. Jüst in düssen Augenblick keek de Lährer düört Fenster und drohe met siene Hand.

Hubert stonn ganz langsam wier up un hümpelde nao Hues. Üm een Uhr fonk de Schoul wier an, obber Hubert was nich dao. Äs dat Biäden vörbi was, reip de Lährer Bennätzken ut de Bank un sagg to emm:

„Knie' da mal hin, das Weitere wird sich finden."

Wenn Bennätzken auk gloww, dat he düttmaol so'nn graut Unrecht gar nich daohn här, so true he denn Braoden doch nich un dacht bi sick, här ick dat vüörut wietten, dann har ick vüörmourn twee Buxen antrocken.

So'nn biertken laater kloppe een an de Klassendüör un de halwe Schoul reip:

„Äs klopft jemand an."

Äs de Lährer harut gonk, dao saog Bennätzken, de dicht an de Düöre kneie, dat de Moder von Hubert daovüör

was. He lustere daorüm genau up, wat de wull sagg. Weil se recht lut küere, konn he alls vörstaohen.
„Häer Lährer," sagg se, „denn Jungen, de ussen Hubert an'n Grund stott häw, denn müet se nich so stark straofen, et is to'm besten utfallen. Usse Hubert har nämlick so'nn dick Schwiär an'n Ächtern, dat wull he sick gar nich utdrücken laoten. Nu satt dat Schwiär jüst an de Stell, wao he denn Staut kriegen hät, un et is dann van sölwst düörgaohen. Wi müöt't daorüm denn Jungen egentlick nao Dank daofüör säggen."
Bennätzken lache in sien Füstken, äs he dat höere.
De Lährer kam wier in de Klass un lait sick nicks miärken; bloß dat he so vörstuohlen an't Lachen was.
Et duere obber nich lang, dao konn Bennätzken wier up sienen Platz gaoh'n, un daomett was de Geschicht dann ut.

„Eene all met veer egene Kinner gesiängte Moder beschlaott, een klein Wichtken ut't Waisenhues antoniermen. Ganz vörblüfft fraogen iähr Bekannte: „Häbbt se dann nao nich genog Familg?", „Ick wull," sagg se, „obber dat kleine Wichtken nich."

Dat graute Ahlfatt

De Schult Rickert de har sienen Grund un Buoden so rund üm't Duorp liggen. To't ackern moß he deswiägen met siene Treckers oft düör't Duorp föhern.
Dao föhre sienen Knecht äs met'n Trecker un'n graut Ahlfatt mitten düör't Duorp. Äs he met sien breede Gefährt üm'm Hook wull, dao moß he auk 'nen Auto utwieken. Daobi kam he to naige an'n Straotengraben. De Anhänger met dat graute Ahlfatt kippe üm un stüöte in'n deipen Graben. Un dao leip de ganze Ahl ut't Fatt. De Gestank de trock sick üöwer't ganze Duorp henn.
Nu wuor de Pollzei an de Unfallstell halt. Äs de Beamte kam un dat Unglück saog, dao sagg he:
„Das ist aber 'ne schöne Schweinerei, das ganze Dorf liegt in dem starken Gestank." Un dann frogg he denn Knecht:
„Was wird wohl der Bauer sagen, wenn er diese Bescherung hier gleich sieht?"
„Och, wat sall de säggen," sagg de Knecht, „de sägg jä doch, kiek an, nu sinn wi't ganze Jaohr ümsüss nao't Hüsken gaohn."

„De schlechten Mensken häbbt so viell guete Sieten un de besten Mensken soviell schlechte, dat't sick schwaor säggen lött, we well biätern soll."

De Uthölp-Breefdriäger

In'n iärsten Wiältkrieg dao mossen de jüngeren Breefdriägers samt un sonders Suldaot wäeden. Daofüör stelle de Post dann öllere Lüe äs Uthölp-Breefdriägers in. In de Landgemeinden mossen düsseölleren Häern's dann jeden Dagg bi Wind un Wiär düör de Buerschoppen laupen un Breef un Tietungen an de richtige Adress brängen.

In een Düörpken in't Mönsterland dao stelle de Post so'nn klein, öller Männken in, dat an'n Stock gonk. Franz härre he, een guet vörgnöglick Kärlken.

He namm muorns siene graute Posttassk up de Schuller und dann trock he aff in de Buerschop. Eenes Dags sagg de Postmester to Franz:

„Herr Z., heute bleibt das Wetter schön, das Barometer ist gestiegen..“

„Ach, Herr Postmeister, wenns Barometer steigt, dann riäng's dat't meigt.“ gaff Franz to Antwort.

Franz gonk't nich anners äst alle Breefdriägers gonk, an jede Hues namm emm de Rüer in Empfang un blieke emm nutz an. Schuld daoran wassen de Breefdriägers sölwst, se konn'n dat Rüerniägen nich laoten un wenn se auk bloß met iähre Stievel düfftig up'm Grund tratten. Wenn se dann wier ut't Hues gongen, dann mossen se de lubriertsken Rühens met'n Stock ganz geschickt afwiären.

Franz har sien bestimmte Revier, dat he jeden Dagg vörsuorgen moß. He namm obber auk friewillig de Postsaken met füör eenen kleinen Hook, de an sien Revier angrenzte. Dat deih he obber bloß, weil dao 'nen Hues lagg, wat emm besonders interesseere, de Wirtschaft Schäppler. Dao moß he ümmer iäm rinnkieken. Miär-

stens har he auk wull Breefsaken füör Schäpplers.
Wenn dat Drucksaken wassen, dann deele he de ümmer so schön up, dat he boll nie aohne Postsaken füör Schäpplers was. Nu was dat obber auk so, dat de beiden grauten Döchter von Schäpplers, Tresken un Hedwig, rieklick met Breef bedännt wuorn.
Äs Franz auk maol wier füör de beiden Wichter Breefkes von iähre Brüüms metbracht har, dao sagg he gliek daobi:
„Wenn ih faots trüggeschriewen willt, dann niem ick juhe Breef gliek wier met." Franz sette sick dann solang an'n Dissk un dao kreeg he siene Klaoren ümsüss.
Eenmaol sette sick Franz auk äs maol so ganz gemäcklick an'n Dissk un wochte, büß de Breefkes von Tresken un Hedwig ferrig wassen.
Düttmaol har sick Franz viell Tiet nuorm un daobi natürlick so viell Schnäppskes drunken, dat he gar nich wier up de Beene kam. He wass so stief un klummerig wuorn äs'n daut Schwien.
Nu mossen Tresken un Hedwig denn gueten Franz obber wier lösswäeden. Se reipen deswiägen iähren Naober, denn langen Isenbahner Bäind in iähr Hues.
Äs de dat Haipken von Franz liggen saog, dao spanne he snurrstracks siene aolle Treckkoh in de Stiärtkaor, lade denn Franz met siene Postsaken drup un liäwede de Fracht in't Duorp bi Franz siene Frau aff. Dat ganze Wiärk was jä wull kien graut Malheur, doch Franz siene Anna was grienensmaot, denn se har Angst, dat Franz siene Stell an de Post vörleisen konn. De Saak was obber nao nich an'n End.
In so'nn Düörpken wett jä viell küert un so har de korrekte Postmester daovon Wind kriegen. Bi emm moß Franz sick so'nne ganz derbe Gardinenpriäg anhöern, un

äs Straof vörpasse emm de Postmester een Wirtschaftsvörbott von vetteihn Dage. Daomett was de Saak obber füör beide Sieten guet affschlaoten.

„Nao 'ne guete Priäg frögg man sick unwillkürlick, wuso de Pastor egentlick so genau üöwer een Bescheid weet."

De Radschliäger

In Düsselduorp dao gifft jä de Radschliäger. Dao schlaot de kleinen Jungs up de Küening-Straot füör'n paar Penning Rad. Dat is so'nn Rundschlagg von de Been up de Hann'n un dann wier up de Been un so wieder. De kleine Günter de mok dat auk, obschon siene Moder em dat vörbuoden har. Äs Günter dat auk äs wier makt har, dao schimpe siene Moder met em un sagg:
„Günter, du hast das doch wieder getan, ich hab's dir doch verboten, du warst ungehorsam, das mußt du beichten."
Eenige Tiet later kam Günter in Ferien up't Duorp in't Mönsterland. Dao bichte he dann bi denn Pastor, dat he ungehorsam wesst was, dat he Radschlaoen har, obschon siene Moder em dat vörbuoden har. De Pastor kenne dat Radschlaoen nich un sagg to Günter, dat he

em dat maol vüörmaken soll. Günter schlogg dann vüör'n Bichtstohl so'nn paarmaol henn un hiär.
Nu satt auk de Buer Geismann met siene Anna vüör'n Bichtstohl. Äs Anna saog, wu de Jung vüör'n Bichtstohl so Hals üöwer Kopp herümschlaog, dao sagg se to iähren Mann:
„Kuemm to, Bennatz, laot us harutgaohen, füör so'nne Buße bin ick vandage nich antrocken."

„In de Kleinstadt dao kennt em in't Handümdreihen jedermann, obber man bliww trotzdem 'nen Früemden."

Frisske Luft schnappen

August wass boll füfftig Jaohr iwerige Sänger in'n Kiärkenchor. He konn so schön vörtellen, daorüm harren se em al so gäen. Nao de Gesangstunnen blewen de Sänger nao'n birtken bineen, manks auk wull lück länger. Wenn August dat Schnäpsken guet schmaakt har, dann gonk he up'm Trüggwegg nao so iä'm in't Kolpinghues, un dao kreeg he dann denn lessten Siängen.
Wenn August dann nao Hues kam, was siene Anna längst in'n Bärre. Se schleip obber nich äher in, büs Au-

gust wier in Hues was. Wenn't dann ganz laat wuorn was, dann schimpe Anna met iähren August, wat jä nich utbliewen konn.

August wull dat Schimpen obber nich gäen höern, daorüm üöwerlegge he, wu he dat wull ännern konn. Dao foll emm wat in. In't Kolpinghues dao was aobens miästens de Kaplaon, de Präses von'n Vörein met so'nn Tröppken Gesellen bineen. De Kaplaon kenne denn trüen Chorsänger August wull.

August wuss genau, dat siene Anna de Düörn nao'n Schloupstuowen un nao'n Flur nich äher to mok, büs he wier in Hues was. Wenn he dann laat in't Hues kamm, dann sagg he, wenn he de Huesdüör lössmok ganz dütlick:

„Ja dann guete Nacht Häer Kaplaon, schlaopt se män guet." Anna höere dat wull un frogg August:

„Is de Häer Kaplaon met di nao Hues gaohn?"

„Jau, dat is he", sagg August dann.

Nu wass't guet, Anna sagg nicks mähr, wenn he bi de Kaplaon wesst was.

Eenmaol kamm August äs wier laat nao Hues, he har viell Köenkes inföhert. Dao gonk he obber nich faots in'n Schloupstuowen, sonnern liek ut nao Diäl, up't Hüsken, dat an'n Schwienestall lagg. Dat was nao so'nn aolt Plumshüsken, so een, äs man fröher üöwerall up'm Lande har.

Äs August nao längere Tiet nich in'n Schloupstuowen kamm, dao stonn Anna up un gonk nao Diäl, üm äs to kieken, wao August blierwen was. Se fun'n up't Hüsken, dao lagg he up de Knei un har sienen Kopp in de Hüskesbrill stoppt.

„August kuem to, gaoh met mi, du kann's doch nich hier bliewen," sagg Anna.

August stüerne mächtig un sagg:
„Ach Anna, laot mi doch hier nao'n birtken frisske Luft schnappen."

„Alle Wiält gäen to hem'm is kien Kustück. Dat Problem is jä bloß de blöde Kärl von niäbenan."

De Daudengriäwer

In Huosmer dao harren se fröher so'nn aollen Daudengriäwer, de namm siene Upgaw ganz ernst.
Anfang de diärtiger Jaohr dao was he äs vüör sien Hues an't arbeiten. Dao kam Franz dao vörbi, de to Besöök in siene Heimaot was.
„Na Franz", sagg Willem met siene aolle, biewerige Stemm, „büs du auk äs wier inne Heimaot?"
„Jau", sagg Franz, „so aff un to mok äs wier tokieken."
„Bi ju inne Stadt häbb ih sicher viell Arbeitslose", sagg Willem.
„Jau, vielltoviell", sagg Franz.
„Wi müet't denn Hi – hi – hi – hitler an't Ruder hem'm, dann wett dat anners", sagg Willem.
„Dat gleiw ick nich, dat't dann biätter wett", gaff Franz to Antwort. Willem leih sick obber von sienen Glauwen an denn Hi – hi – hitler nich afbrängen.

To de Tiet starw in't Duorp so'nn Wäet in de füfftige Jaohre. Nen gueten Wäet de wett jä auk nich aolt, so wett alltiet säggt. Dat was'n grauten, köppsken Kärl, de gau bi de Hand was, siene Gäste ut'n Hues to schmieten, wenn se nich ganz arig wassen.

Äs de Mann beerdigt wüör, un Willem jüst daobi was, dat Graww totoschmieten, dao kam Bültmanns Truta up'm Kiärkhoff. Se saog Willem bi de Arbeit un sagg: „Na Willem, schmitt's du Hubert de Kluten up'm Kopp?" Willem stonn büs an de Knei in't Graww, tratt de Ähr fast un sagg daobi:

„Ja hier kümp mi denn köppsken Kunnen nich wier drunnerwegg."

Summerdaggs was et äs stinkendheet. Dao moß Willem 'nen Graww utschmieten. Aohne sien Püllken Schnaps konn he dat nich. Äs dat Lock ferrig was, dao was Willem auk ferrig, möde von de schwaore Arbeit un stief von'n Schnaps.

Weil de Sunn so heet scheen, soch he'n schön köhl Plätzken. He stelle sien Ledderken in't Graww un steeg runner in't frisske Lock, legge sick dao unnen henn un schleip in.

Dao kamm sien Naober Bäind zufällig an't Graww vörbi. He saog Willem dao unnen liggen, mok emm wacker un sagg:

„Wat is Willem, häbbt se di de Kiste klaut?"

„Usse Feihler stöert us am miästen, wenn wi se bi annern miäkt."

Wu wass't dann Ostern?

August: „Na, Willem, de Fierdag guet üöwerstaohen?"
Willem: „So guet äs't gonk bi dat schlechte Wiär. Obber Ostern is jä nich mähr dat, wat et fröher was. Junge, wat häw wi us doch fröher freit up de Ostereier. Un vandag? Dao makt se boll lange Tiähn, wenn se up'm Dissk kuem't."
August: „Jau, ick häw in miene Jugend to Ostern ümmer so viell Eier giätten, äs ick Jaohr aolt was. Miene siälge Moder hät mi säggt, ick har met een Jaohr een Ei giätten un met twee Jaohr twee Eier. Un dat häw ick dann so düörhollen, büs ick siebenteihn Jaohr aolt was. Dao häw ick schließlick kapituleert."
Willem: „Großartig! Vandag praohlt de jungen Schlakkes, met de langen Piärmähnen in'n Nacken, dat se wull siebenteihn Glass Beer drinken könnt, obber siebenteihn Eier to Ostern iätten, dat krieg nich een mähr praot."
August: „Un een Osterfüer anböten, dat könnt se vandag auk nich mähr, dat häw wi jä düttmaol wull seihen. Wenn de vandage nich up'm Knopp drücken könnt off up'm Pedal triän, dann fluckt dat Wiärk nich mähr."
Willem: „Jau, obber dat was muorns in de Kiärk met de Köster anners. De har kuort un guet een ganz stolt Füer togang."
August: „Jau, bloß wao wassen de Lüe? Fröher wull jedereen Ostern üm fief Uhr daobi sien. Vandag kiekt se sick'nen Aobend vüörhiär iärst nao een'n vörwiägenen Krimi an un dann häbbt se Ostern Naut, dat se nao in de Hohmiß kuemt."
Willem: „Un in de Stillwiäk was de Besöök in usse Kiärk auk nich dull."

August: „Jä, wees du dann nich: Eenmaol is et de Goldene Schuß, un dann: Was bin ich? Un dann 'nen paar Diskusjonen, dat de leiwe Häer gar nich upstaohen is. Dat mäk se jä al vörrückt."
Willem: „Wenn ick de Häerguott wüör, dann deih ick daotüssken hauen."
August: „Glöw's du dann nich, dat he dat eenes gueten Dags auk döht? Dao vörlaoh di män drupp! Obber dann makt se alle wier so'nn unschullig Gesicht äs vüör fiefundiärtig Jaohr, dao wull et auk nich een in Schuld sien."
Willem: „Jau, August, et sind komischke Tieten. Alls is vördreiht, sogar dat Wiär."
August: „Obber dat is nao Ostern ümmer nao wier guet wuorn, dat döht et auk düttmaol. Wi müet bloß Geduld häm'm. Gaoh di guet, Willem!"

„Bloß twee Sorten von Mannslüe brängt kien Vörständnis füör Frauen up: Ehemänner un Junggesellen."

„Denk an diene Tokunft, äs Noe siene Arche bau'de, dao riängede et nao kinneswiägs."

Dat Schwattschlachten

In'n Krieg dao droffen de Buern bloß 'nen Schwien off'n Büllken schlachten, wenn se daofüör von't Amt 'nen Schlachtschien harren.
Nu schlachten de Buern faken up een'n Schien twee Schwien. Dat twette wuor so schwatt daobi schlacht. Laukempers Buer echten ut de Oster Buerschopp, de har dat auck so makt. Nu wull he obber gäen, dat de Veehdokter beide Schwien up Trichienen untersoch.
Wat daon? Schließlick follt emm in. He schneet beide Schwiene in twee Deele, so von unnen nao buowen. Un dann hönk he von jede Schwien eene Hälfte an de Ledder. Von dat eene Schwien de linke Siete, von dat annere de rechte.
Un nu konn de Veehdokter män kuem. He keim auk un schneet sick ut dat Schwien 'nen klein Stücksken herut füör de Trichienenschau. Un daobi sagg he;
„Ick heff all viell seihn, obber nao kien Schwien met twee Stiärtkes".

In eene Kneipe stonn anschlaon: „Wi bitt't alle, sick nich met de Füst to unnerhollen."

Aolle Duorptanten

Et was mitten in'n Summer up'm Olldag-Naomeddag, dao troffen sick Hohnermanns Anna un Bröckers Tresken an'n Utgang von't Duorp. De beiden Tanten wussen so siemlick alls, wat in't Kiärspel passeere. Anna har luck Grön socht füör de Kaninkes un Tresken kam jüst von'n Dokter.

Anna: „Kiek äs an Tresken, du büs auk up de Been?"

Tresken: „Jau, dat sägg män Anna, ick bin auk all veer Wiärk an't krücken."

Anna: „Wat häss dann Wicht?"

Tresken: „Ja wat häss, de Dokter sägg mi, ick har et mett'n Kreislauf."

Anna: „Mett'n Kreislauf Tresken, wao sitt de dann?"

Tresken: „Ja wu sall ick di dat säggen, de sitt ächten, de sitt vüörne, de sitt unn'n un de sitt buom, üöwerall sitt de."

Anna: „Dat is mi watt Nies, wat döss dao dann giegen?

Tresken: „De Dokter heff mi wat to't Inniehm vörschriewen, dat de Blootdruck herunner geiht."

Anna: „Wat säggs Tresken, du häss to viell Druck? Iärt män düfftig Siepeln, dann geiht de Druck de wull aff."

Tresken: „Ja de söllt helpen, ick häbb obber all längere Tiet so Siepeltabletten innuohm oder wu de Dinge heit't."

Anna: „Ach Tresken, du män's wull Knoblauch?"

Tresken: „Ja richtig Anna, Knoblauchpillen, so hädden se auk."

Anna: „Häbbt de Dinge dann holpen?"

Tresken: „Leiger ist daonao nich wuorden, de Druck leid wull nao, obber dat Stinken ut'n Hals namm to."

Anna: „Ja Tresken, wi beiden sind de Jüngsten nich

mähr, un eenes Dages do't se us 'nen Deckel up'm Kopp un dann ist daon."
Tresken: „Schwieg still Anna, dao mag ick nich dran denken."
Anna: „Ick auk nich Tresken. Du denn aollen Sulacks Bäind de hefft jä auk toknirpen. Ick häbbt höert un to usse Hubet säggt, Petrus de heff bestimmt ropen: „Bäind kuem drinn, du hässt Fiägefüer al ächter di, un wenn diene Aolle kümp, dann jag wi se beide nao Dübels Bessmoder."
Tresken: „Jau, dat maggs wull säggen, du wenn een 'nen Krüswegg gaohen is, dann ist Bäind wesst. Weest du't nao, äs he vüör eenige Jaohr düör de Balkenluk fallen is? Ick wäed denn Gedanken nich löss, dat siene Aolske emm so'nn Schupp gierwen heff, he wass jä män so'nn hennig Kärlken."
Anna: „Utgeschlaoten is dat nich, Tresken. Du de Wiersbaums Franz siene Dochter de kamm kuors wier ut'n Urlaub, du soss se seihn hämm'm, Buxen an un so'nne Bümmelkes Müsske up'm Kopp. Dat ganze Familgengedooh holl dat Mariechen von de Bahn aff. Iöhre Moder stonn an de Sperre, Muul löss un namm denn bunten Vuegel in Empfang. Se reip ümmer to: Mariechen, Mariechen, wie hast du dich entwickelt, was hast du einen herrlichen Teint. Ick heff dacht, die'n Kärl heff auk 'nen herrlicken Teint, de heff de rauden Äidbiärnknubbel an siene Nirse sitten."
Tresken: „Wao is dat Fraumensk dann wesst in' Urlaub?"
Anna: „Dat kann's di doch wull denken, bi de Liäderbuxenkärls in Patisch-Gamenkirchen."
Tresken: „Dann week al genog. Du Anna, lustere äs up. De Stockdieks Hennerich, denn stiefköppigen Öhm, de

heff jä 'n Gebitt kriegen. Wenn de nu lacht, dann gneest he jüst äs'n Ülk we up'm Schlagg sitt. Fröher har he bloß so'nn paar aolle Piggen in siene Friätluk, un wenn he sien Muul upredde, wüört jüst so, äs wenn in so'nn aollen Hirkeldüörsker keeks. De aolle Öhm, de wull mi äs eenmaol een'n stiärken. Dao sägg he to mi: „Du Tresken, watt is dat, se vörmährt sick nich un se stiärwt doch nicht ut? Dat weet ick nich, sagg ick emm. Dat wees du nich, sagg he? Dat sind de Tanten, de Öhms un de Wallache. Denn aollen niertsken Hund."
Anna: „Du denn Schürhiärms iähren öllsten Jungen, de is jä auk Ostern sitten bliewen in de Schoul."
Tresken: „Dat dött mi kinn Wunner, de Moder is jä auk so dumm äs Holsken. Dat enzige, wat se inne Schoul konn, dat wass inne Nirse pruoken un Kürgelkes maken. Met siebenteihn Jaohr konn se nao nich äs drüge liggen. Et is auk sien Liäben 'ne aolle Futtke blierwen. Iöhre Blagen de stinkt jä auk ümmer äs'n Pisspott. De Anton de heff jä auk maol säggt, wenn iähren Öllsten auk 'nen birtken doof was, dat wüör nich so schlimm, dao deih he naohiär 'n Staat mett anschieten, de soll Biamter wäeden."
Anna: „Du denn Keikenbrinks Terro, de bi Kookenlaums Buer is, met denn wüör ick äs an't diskuteern üöwer de jungen Wichter von vandage, dat se sick anstriekt äs'n Osterei un dat se sieben Meter giegen'n Wind stinkt nao Parfüm. Dao gneesede de aolle griese Irgel un sagg to mi: „Anna, häss du gar kinn'n Äes in de Bux? Ick sagg emm: „Küer doch nich so'nn dumm Tüch, dat häbb ick genau so guet äs du. Wees, watt mi de aolle driekänntige Buck dao sagg? Wenn du dat häss, waorüm stinks du dann so ut'n Hals? Sowatt mott man sick up sienen aollen Dagg nao säggen laoten. Obber laot män,

de längste Tiet heff't duert, dann stinkt he auk."
Tresken: „Du Anna, bi Teckelmeiers dao häbbt de jungen Lüe jä auk watt in de Weige liggen. Usse Bäind sägg, dat wüörn Raketenbaby, weil et so rassk ankuem is. Stieküötters Sisska sagg mi düsse Dage, dat Blage har von sienen Vader nicks metkriegen, dat söög mähr ut nao'n Scheskeswagen. We weet, wu denn bunten Vuegel daobi kuem is. Es is obber ümmer hellske guet tofriäde. Wenn't up't Hüsken sitt, dann singt ümmer, das hat die Schönheit gemacht, di hat mich verrückt gemacht. We et daomet menn't, dat weet ick nich. Usse Bäind de sägg ümmer, et singt al wier de Lokusserenade. Du Anna, iähre Schwiegemoder, dat aolle Klappai, de heff jä'n Pelzmantel kriegen."
Anna: „Jau Tresken, dat häbb ick auk seihn, vüörigen Winter, dat Mensk süht daomet ut äss'n Russenpony, ick gleiw, dat is so'nn Piärfell von de wilden Hengste ut Dülmen, we se dao jedes Jaohr infangt."
Tresken: „Hu Guott, hu Guott, wat is denn dat? Et grummelt jä! Kiek äs dao, ächtern Biärg dao treckt jä'n Gewitter up!"
Anna: „Wicht, Wicht, laot us laupen, dat wi nao Hues kuemt."
Tresken: „Jau, jau, Anna, bi'n Gewitter hier mitten

Eene Frau mok 'ne ganz strankiele Affmagerungskur mett, weil iähr Mann se froggt har: „Büs du di egentlick daorüöwer klaor, dat ick met füffteihn Kilo von di von Rechts wiägen gar nich vörhieraot bin!."

---

up'm Kamp, dat döch nich. Anna seih to, dat du guet nao Hues kümp's."
Anna: „Meint auk so, Tresken, stick de Lechtmiss Käes män an, un dann will wi't Beste huopen."
Anna gonk dann gau nao Hues. Tresken moß sick inne Kartuffel nao iä'm luck dalduken, dann leip se auk liek ut liek an nao Hues.

Bennätzken up't Fahrrad

Schlattkamps Bennätzken was acht Jaohr aolt. Et wass'n düfftig Kärlken. In de Schoul har he jüst dat iärste Zeugnis kriegen un dat was guet utfallen. Opa schenke emm deswiägen 'nen glootnie Fahrrad. Nu übe Bennätzken jeden Dagg up sien schöne Fahrrad. Et duere nich lang, dao waor Bennätzken up sien Fahrrad guet ferrig.
Eenes Dags sagg he to Opa:
„Opa, ick wull di wull äs wiesen, wat ick all up mien Fahrrad maken kann, gaoh doch äs met up'm Hoff."
Opa gonk met emm un stelle sick inne Niendüör. Dao föhere Bennätzken löss, ümmer rund üm de Schopp. Äs he bi Opa vüörbi kamm, dao reip he:
„Opa, glieks kuem ick aohne Hann'n. Un tätsächlick, he föhere friehännig an Opa vörbi.
Dann reip he: „Opa, glieks kuem ick aohne Fööt vörbi."
He kamm auk wanners wier ächter de Schopp hiär, föhere an Opa vörbi un har siene Fööt up de Lenkstang liggen.

Dann suse he wieder, obber et duere düttmaol länger, büs he wier ächter de Schopp weggkamm. Opa luere all up sien Bennätzken. Up eenmaol kamm he drann. He schauw sien Rad, holl sien Händken vüör'n Mund un sagg ganz lurig:
„Opa, nu aohe Tiähn."

„De Kinner sind ümmer de enzige Tokunft von de Mensken."

Usse Fränzken

Brinkamps Buer de har nette Kinnerkes un läern dat konnen se auk guet. Dao was auk de Oma ganz stolt up. Fränzken, de was nao män'n halw Jaohr in de Schoul, obber läern konn dat Kärlken al ganz famos. He mok auk siene Schoularbeiten ganz alleen, dao bruke emm nicheen bi to helpen.

„Naichsten Sunndag", sagg Oma, „wenn ick Tante Tresken in't Duorp besök, dann will'k usse Fränzken äs metniern. De Vörwandten de söllt auk äs seihn, wat usse Fränzken al kann."

Äs se sunndags met Fränzken bi Tante Tresken an'n Kaffeedissk satt, dao fong se al wanners an't puchen un praohlen üöwer iähr düfftige Fränzken. Und dann sagg se:

„Fränzken du kannst doch so guet riäken, nu sägg doch äs, wuviell sind dann veer un twee?"

„Dat sind fief", sagg Fränzken ganz gau.

„Höer ih't wull," sagg Oma dao, „büs up een, dann har he't hat."

„Dat giff'n Hallo, wenn in twintig Jaohr de Abiturienten von vandage wier tosammenkuemt un sick to't iästemaol aohne Baot seiht."

De Pastor kümp wanners

Willem un August sitt't bi'n Fröhschoppen un hollt iähr Pröetken.

Willem: „Laot us män vandag 'n Hälwken mähr drinken, et is jä ümmer nao so ruppig Wiär, un dann giew so'nn Hälwken wennigstens von binnen nao luck Wiärm. Dat is äs so'nn Heizküssen füör de Siäll."

August: „Daobi häw wi lessten Gunnsdag all Sünte Gertrud hat. Obber dat stonn mähr in'n Kalänner äs in de Natur. De Märtengeitlink was de lesste Tiet auk recht luerig, un in de Wiäken vüörhiär was he doch all wahne an't Spektakeln."

Willem: „Miene siälge Moder har ümmer denn Sprüek: ‚Sünte Gertrud kümp met de Schuut.' Obber daomet hät't dütmaol nao kinne Iele. Miene Frau is muorns all manks rein weherig, denn se hätt de Graute Bauhnen all in'n Kasten an't Wassen, se staot all piel up'm End, äs so junge Fasanen in'n Schott. Ick häw se all öwt, se soll de män Bauhnensalaot von maken, un dann soll se män met nie'e Bauhnen von vüörne wier anfangen. Dat konn se nich äs guet bruken. Obber du sass seeihn, wat mienen Frau sick in'n Kopp sett't, dat krigg se auk praot. Dann giff sogar de Häerguott klein bi."

August: „Is dann auk de Pastor von Wiäk bi ju wesst? He is nämlick wier an't Laupen, un dann kümp he jä so üöwerall. Miene Frau sagg düsse Dag all to usse jungen Lüe: ‚Nu leggt doch de abscheilicke Illustreerte wägg, de Pastor kümp wanners, un wat sall he dann von us denken? Leggt leiwer dat Kiärkenblatt up'm Dissk, oder dat Gebiärbook, dat mäck ümmer 'nen gueten Indruck!'"

Willem: „Du säggs, he is an't Laupen? Bi us was he obber nüelick met sienen Wagen. Et was jä auk schlecht Wiär. Dao häw he sick in'n Schnee fastföhert, konn nich mähr trügg off vüörwärts. He häw süss wull äs praohlt, dat he sick von Rußland hiär met'n Schnee so guet utkennt. Obber düttmaol wasst em doch ratz bedraogen, un he satt fast äs'n Proppen up de Pull. Obber dat was jä nu kien Malhör. Usse Bennatz hät'n jä gäen wier drutholpen, hät auk nich äs Drinkgeld nuorm, dat vörsteiht sick doch vonsölwst."
August: „Willem, nu willt wi huopen, dat wi naichsten Sunndag usse Hansken in Hues laoten könnt. Et is jä auk wanners halwe Fast, un et sall wull wier waohr wäeden: So äs Askedagg, so ist de halwe Fast."

„Am lautsten laig wi, wenn wi us sölwst belaigt."

De Rüen-Beerdigung

Dao kamm 'ne Düörper Frau nao de Pastor. Se was vüör kuorte Tiet met iähr Rüerken totrocken.
De Pastor frogg iähr, wat se füör'n Anliegen har.
„Ick wull mien Rüerken beerdigen laoten", sagg se.
„Wat", sagg de Pastor „'nen Rüen? Ick beerdige doch kinne Rüens, ick bin doch nich unwies wuorden."

„Ja, Häer Pastor", sagg de Frau, „dann gaoh ick met de fiefhunnert Mark, de ick daofüör gierwen wull, nao denn evangällsken Pastor."
„Augenblicksken", sagg de Pastor, „waorüm häbbt Se mi nich faots säggt, dat ju Rüer kathollsk wässt is?"

„Wenn de Mannslüe sick nao de Hochtiet so vörhollen wullen, äs in de Vörluowstiet, dann gafft nich halw so viell Scheidungen, obber duppelt so viell Pleiten."

De nie'e Kaplaon

In Rinkerogg dao harren se 'nen nie'en Kaplaon kriegen. De Lüe saggen, he wassen netten, guetmötigen Mann. Dao sagg sick Leissings Oma, bi denn Häern Kaplaon döss auk äs bichten. Un so gonk se dann auk an'n naichsten Saoterdagg bi emm bichten.
Wüerklick, de Lüe harren recht. He gaff iähr nao de Bicht so'nn gueten Tospruch, so gütig un so vörständnisvull, dat se emm naomaols üm lück Tospruch angong.
„Häer Kaplaon, dout Se mi doch nao'n birtken Tospruch," sagg Oma.
De Kaplaon, ganz gerührt, dat he so guet ankuem wass, fonk nao eenmaol an.

„Nao'n birtken, Häer Kaplaon," sagg Leissings Oma. „Nu ist obber guet" meinde de Kaplaon. Dao sagg de Oma:
„Och Häer Kaplaon, Se rukt so lecker nao Kaffee."

„Gelaotenhett bewiss, we bi'n Schohkaup süht, dat he'n Lock in'n Strump heff, un trotzdem nich vörliägen wett."

Tresken un Anna in Urlaub

Aohne Anhang, bloß met'n grauten Koffer vörseihn, läerten sick Tresken un Anna an'n Ingang von't Quarteer faots kennen. Nu konnen se sick drei Wiäken lang egaol wat vörtellen. Un soviell Tiet harren se auk nairig, wenn se alls luck düörniemen wullen.
Wuorüm wüören se alleen aohne Mann? Tresken deih äs deip aohmen un sagg:
„Jau, mien Mann is all daut, is all siet teihn Jaohr in de Ewigkeit. Et was'n gueten, flietigen Mann, daorüm bin ick emm auk trü bliewen un häw nich wier hieraot't, obschon de Mannslüe längst ganz närrschk ächter mi hiärwassen, moß denken an denn schönen Hoff."
Dat lutt bi Anna anners:

„Mienen iärsten Mann dat wassen 'n Chalaier, fuhl un frech, dat was gar kien Liäben met emm. Dao kamm mi dat Glück to Hölp, he starw an Pilze. Miene Truer was nich graut, daorüm namm ick mi nao een Jaohr denn twetten Mann. Män dat gonk wier in'n Diek, jüst äs met denn iärsten. Drei Jaohr häwk et druogen, dann kamm wier Hölp von buowen. He starw an Pilze.
Wat soll ick arme Mensk nu daohn? Ick vörsoch et to'm diärden Maol. Obber sägg äs Tresken, sind de Mannslüe ümmer so? Ick was doch wier reinewegg bedruogen. Wat soll ick maken? Ick huope all up Hölp von buowen un vörsoch et wier met Pilze. Obber de Donner har auk nao denn Feihler un fratt kinne Pilze. Ick gleiw, he was all schallu wuorden.
Ick draog mien Schicksal, so guet et gong, wieder. Büs dann doch eenes gueten Dages Hölp von buowen kamm. He schott, so rein zufällig, de hauge Trapp nao'n Kaonbüern harunner un brack sick dat Genick. Sietdem kann ick nu manks in Urlaub föhern."

„Dat Schönste an't Fröhjaohr is wull, dat't kümp, wenn't so nairig brukt wett."

„Wenn de Surg nich so ingebellt was, dann deih se iähren Stiärt nich so krüll'n."

De kleine August

Vüör mähr äs siebenzig Jaohr dao wass de kleine August jüst sessteihn Jaohr aolt un Schniederlährjung. Siene Ellern harren 'ne kleine Küötterie un sessteihn Blagen. Se wassen froh, dat sie iähren August, de luck minn bliewen was, bi'n gueten Mester unnerbracht harren.
Eenes Saoterdaggs giegen Aobend dao schicke de Schniedermester sienen Lährjung August nao de Kiärk, he soll nao bichten. August gonk bi de aolle Kaplaon Eickelmann in'n Bichtstohl. De aolle Häer küere met alle Lüe plattdütsk. Met de hauchdütske Spraok wuor'n de Lüe up'm Lande daomaols nich so guet ferrig. Dat wuss de Kaplaon, deshalb holp he siene Schöepkes met Plattdütsk ümmer guet torecht.
De kleine August was met siene Bicht nao gar nich anfangen, dao frogg emm de Kaplaon:
„Sägg äs August, wuviell Kinner sinn ih egentlick bi ju in Hues?"
August sagg: „Wi sind sessteihn Kinner."
„Dat is'n schön Tröppken," sagg de Kaplaon, „wees du dann, wu de alle heit't?"
„Ja wull", sagg August, „dat weet ick wull."
„Dann tell se doch äs up, August", sagg de Kaplaon.
August fong dann an, de Namen uptosäggen. He sagg: „Anna, Hubert, Josef, Berta, Tresken, Maria, Heinrich, Thea, Franz,"
„Is guet, is guet, August", sagg de Kaplaon, „ick höer't all wull, du kennst diene Süsterkes un Bröerkes wull. Obber sägg äs August, kennt juhe Mama de auk alle un kann se alle sessteihn wull unnerscheiden, et sind jä nao Twillinge daobi?"

„Ja“, sagg August, „usse Mama kennt us alle guet un usse Namen kennt se auk.“
„Wu is dat dann met Pappa, kennt de juhe Namen auk alle?“ frogg de Kaplaon.
„Ja-a-a- wull“, sagg August, „män nich so guet äs usse Mama, obber de Klapperstuork, de heff de Kinner jä auk al usse Mama bracht un nich usse Pappa.“
Jüst so heff't August oft vörtellt.

„De iärste Handruck in't Liäben is de schönste: wenn een Niegebuorenes sien Füstken üm'm Finger von Vader oder Moder schlütt.“

Se hollen nicks von Properität

Holtkamps wassen aolle Lüe, aohne Kinner. Se harren so'nne hennige Küötterie, de nich wiet von't Duorp lagg. Von Properität hollen de aollen Lüe gar nicks. Se wassen boll füfftig Jaohr vörhieraot, äs Holtkamps Anna starw.
In de ganzen Tiet, so vörtelle de Naoberske, harren sick de Lüde nie ganz uttrocken. Se leihen auk dat miäste Tüch an, wenn se aobends in'n Bärre gongen, denn dann wassen se muorns faots wier ferrig.
Äs de Holtkampske maol schwaor krank was, un in'n

Bärre bliewen moß, dao gaff de Dokter iähr 'ne Sprütz buowen in'n Arm düör de Kledung. De Niägel up de Tehn konnen sick de aollen Lüe sölwst nich beschnieden. Dat mok de Naoberske, naodem de Fööt in warme Laug guet inweekt wassen.
De aolle Holtkamps Bäind holl sick sölwst nao buten henn nao wull siermlick propper. He drunk gäene siene Schnäpskes un was bi all de Driet in Hues guet tofriär. Holtkamps Anna wull auk nicks von Bettwössk wietten, iähre Betten harren nie Bettbezüg off Bettlaaken seihn. Met iähr Wassken namm't Anna auk nich so genau. Wenn se iähre Hiemde wassket un up de Lien hangen har, dann wassen se nao so grieß, dat de Naoberske maol sagg:
„Wenn Holtkamps iähre Hiemden up'm Draoht hangen häbbt, dann seiht se ut äs Säck met Iämeln drinn."
Äs de aolle Holtkampske stuorwen was, dao üöwernamm 'nen jungen Mann ut de Vörwandtschopp de Küötterie. De sagg to de Naoberske:
„So, nu mot ick iärst äs maol met de Mistgreep in'n Schlaopstuowen gaohen un richtig utmässen, denn et stinkt bi us in Huese üöwerall äs'n Ülk."
De junge Mann brach obber binn'n kuorte Tiet Ordnung un Sauberkett in't Hues, so dat sick de Küötterie dann wier guet seihnlaoten konn.

Nüelick sagg 'nen Buer: „Wenn bi us eenes Dags de Dummen utstiäwt, dann wäed't de Lüe obber vördammt wiet to iähren Naober häbben."

Dat graute Malhör

Banklammers Franz was met siene Frau up Reisen. Se satten in'n D-Zug. Franz gonk't gar nich guet, he har 'ne Entzündung an'n Mund, de nutz weh deih. Sien'n Mund de was an eene Siet all dick anschwollen. He holl de Hand dran un har recht nicks to vörkaupen. Dann sagg he to siene Frau:

„Du Tresken, ick gaoh maol in'n Speisewagen, ick will mi äs'n Kognak drinken."

Äs he dao so an'n Dissk satt, un all mähere Kognaks drunken har, dao kamm de Schaffner in'n Speisewagen un frogg, off 'nen Häer Banklammer anwiersend was. Franz melde sick. De Schaffner frogg em:

„Sagen Sie mal, was haben Sie für eine Platzkarte?" Franz sagg emm siene Nummer.

„Dann ist das wohl Ihre Frau, die den Platz neben Ihnen hat?" frogg de Schaffner.

„Ja sicher" sagg Franz.

„Ja da ist ein großes Malhör geschehen", sagg de Schaffner, „Ihre Frau wollte offenbar zum Klosett, sie irrte sich mit der Tür, öffnete die Zugtür, fiel aus dem Zug und ist nun leider tot."

„O Guott, o Guott", sagg Banklammer, „dat dat gerade nu passeern moß, wao ick mienen Mund so kaputt heff un nich äs richtig lachen kann."

„Manche Frauen häbbt so'nn furchtbar Gedächtnis, dat se nicks vörgiärt't."

Mien Tresken

Kösters Tresken was'n Küötterwicht u't Mönsterland. Met twintig Jaohr dao gonk't ut'n Hues in'n anner Duorpp, nao guete Lüe. Dao wull et denn fieen Huesholt kennen lähern. Tresken was dao guet tofriär.
Eenen Dags kreeg Kösters Vader Besöök von sienen Naober. He har sick jüst 'ne Landkart up'm Dissk leggt un dao was he drupp an't sööken. Äs de Naober dat saog, dao sagg he:
„Franz wat söggs du dann dao?".
„Ach", sagg Franz, „ick häw gistern 'nen Breef kriegen von mien Tresken. Se schreew, dat se nu in Schwangerschaft is. Nu söök ick dat Duorp all'ne ganze Tiet up de Landkart, ick kann't doch nich finden."

Eene Moder sagg äs to 'ne annere: „Miene Dochter vörtellt mi alls. Ick bin all ganz ferrig met de Närven."

Öhm Heinerich

Nao denn iärsten Wiältkrieg dao gründeten se in Hummelhuorst 'nen Kriegerverein. De Verein was recht aktiv un fiere auk schöne Kompaniefeste. Äs Summerdaggs de Ex-Krieger iähr graute Mannöver ächter sick harren, dao trocken se met Mussik un in'n Gliekschritt düör't Düörpken un dann in't Vereinshues.

De Leitung von de ganzen Fierlickkett lagg in de Hand von Öhm Heinerich, he moß äs Major auk alls ordnen. In de Aobendfier moß he auk de Damenrede hollen. Küern, dat konn Öhm Heinerich guet, dat wuß he auk wull, emm follen de Wüör män so met. Wenn de Öhm obber eenmaol an't küern was, dann kreeg he't gar nich wier an'n End. Ümmer foll emm wier wat in, wat he unbedingt nao säggen moß. Heinerich höere sick auk sölwst gaen küern, denn he riäke sick to de besten Redner von Hummelhuorst.
Nu wullen de jungen Lüe obber gäen danzen, se wochten bloß nao drupp, dat Öhm Heinerich Schluß mok.
Dao sagg de Kellner Hiärm: „Ick sall'n wull kriegen, wenn ick gliek an emm vörbi kuem, dann schwigg he."
Nu wassen se alle gespannt, wu Hiärm dat maken wull. Hiärm sagg iähr:
„Wocht män aff, ick mak dat schon."
Dann namm Hiärm sien Tablett un trock löss. Äs he an't Rednerpult vörbi kamm, dao sagg he ganz leise to Öhm Heinerich:
„Kärl, du häss jä diene Buxe löss." De Öhm was so vörfähert, dat he nicks mähr säggen konn. De Damenrede was ut, de Lüe klappten in de Handen un de Mussik brach met'n flotten Marsch dat ganze Völksken in Schwunk.

„De twintigste Hochtietsdagg lött sick schwaor fieern. To't Praohlen ist nao to fröh, to't Janken all to laat."

Dat junge Päärken

Dao kamm äs so'nn jung Päärken to'n Pastor. De beiden jungen Lüde wullen hieraoten. Et konn wull sien, dat dao'n birtken Druck achter satt.
De Pastor keek sick de beiden an un sagg:
„So, ih willt hieraoten". Dann frogg he denn jungen Mann:
„Sägg äs, wu aolt büs de dann?"
„Ick bin achteihn Jaohr", sagg de Mann.
„Un du, mien Wichtken, wu aolt büs du dann?" frogg de Pastor.
Dat Wichtken sagg: „Ich bin siewenteihn Jaohr aolt".
„Ja – Ja, so – so," sagg de Pastor.
Dann dreihe he sick üm un reip siene Hueshöllerske:
„Tresken, Tresken, bräng de Kinner doch äs 'nen Appel."

„De Jugend is 'ne Tiet rassken Wannels. Tüssken twiälw un siewenteihn makt Kinner iähre Ellern oft üm twintig Jaohr öller."

Gebätt von 'ne Moder: „Leiwe Guott, giff mi de Klookhett, miene Kinner so to seihn, äs mien Naober se süht."

De dicke Kaplaon
(een waohr Geschichtken)

In H., so'nn klein Düörpken in't Mönsterland, dao harren se kuort vüör'n twetten Wiältkrieg 'nen Kaplaon, de was ünnürsel dick. De arme Häer was würklick to beduern. He schweete bi jede kleine Arbeit. De Dokters harren emm all viell Medizin vörschriewen, obber nicks mok emm lichter. He namm auk bloß wennig, lichtere Kost to sick, obber lichter wuor he nich.

De ganze Gemeinde har denn dicken Kaplaon leiw, weilt so'nn vörgnögten Mann was, gäen Platt küere un extro guet priägen konn.

Dao föhere de Kaplaon äs met'n Zug nao Mönster, he moß nao't Generaolvikariaot. Äs he dao ferrig was un wier nao'n Bahnhoff gonk, dao moss he up'm Zug nao'n birtken wochten. Un dao gonk he in de Bahnhoffshall so'nn birtken up un aff, un daobi saog he in eenen Hook 'ne Personenwaog staohen.

Kick an, dacht he, dao kann's äs iä'm drupp gaohen un seihn, off affnuorm häss. He stelle sick up de Waog un schmeet'nen Grössken drinn. De Wieser bewegge sick obber nich. Dao schlaogg de Kaplaon äs met de Fust an de Waog, obber nicks bewegge sick. Dann gonk he runner von de Waog un dann faots wier drupp, un dann stoppe he wier 'nen Grössken drinn. Wier deih't de Waoge nich.

Dao gonk he nao den Schalterbeamten un frogg emm, off de Waog kaputt was.

„Nein", sagg de Beamter, „sie ist nicht kaputt, aber ich komme gleich."

Se gongen dann tohaup nao de Waog. De Kaplaon stelle sick wier drupp un schmeet auk wier 'nen Grössken

drin. Äs de Wieser sick dann wier nich bewegge, dao sagg de Beamte:
„Hochwürden, wie schwer sind Sie denn?"
„Ich wiege gut 300 Pfund," sagg de Kaplaon.
„Ach so", sagg de Beamte, „ja dann geht's nicht mit dieser Waage, die wiegt nur bis 250 Pfund, aber das steht auch dran."
De Kaplaon schlaogg sick wull dreimaol an'n Kopp un sagg daobi:

„Ick Iesel, ick Iesel, ick Iesel."
Dütt Geschichtken heff de Kaplaon oft vörtellt.

Et was'n heeten Sunndag. Ganz lang trock sick de Sunndagsmiß henn. Alle Lüe, de nao nich innickt wassen, wochten up denn Schluß von de Priäg. Dao kam ächten ut de Kiärk so'nn hell Stimmken: „Mama, is dat ümmer nao Sunndag?"

Dat Aolle kümp wier

Hiärm un Franz satten äs wier bineen.
„Dat Liäben is doch manks ulkig", sagg Hiärm un daobi mok he 'nen wahn langen Hals, denn he har vör muorn 'n wöst haugen Kragen üm, so äs in aollen Tieten. Daobi har he dusend Plasseer.
„Ick häw mi vör muorn mien aolle Schamiesken äs wier ümdaohen, äs vüör füfftig Jaohr, denn ick dacht, wenn nu al dat Aolle wierkümp, dann sall auk mien'n aollen Vadermörder wier daobi sien. Ganz unnen in'n Koffer häwken wierfun'n, un wenn he auk in de Tüsskentiet luck vörschuotten is, dat mäck nicks, dat sind wi jä sölwst auk. Un so päss dat jä wull bineen."
Franz: „Jau, dat Aolle kümp nu so langsam al wier. Bi us de jungen Lüe häbt sick auk al de aollen Brocken wier

van de Appelkammer halt, dat Spinnrad, de Buotterkäin, de Wagenlöchten, un de aollen Pött un Tellers, un sogar de Häxelkist von de Diäll. Dat steiht nu al in usse fröhere Küek, wat se vandage Diele nennt, un auk in'n besten Stuowen, un se sind wahn stolt drup. Ick mot auk säggen, dat lött nao gar nich äs so schlecht."
Hiärm: „Un ussen aollen Kartuffelkeller häbbt sick de Blagen nu auk torecht makt, se nennt dat ee'n Partykeller. Dao sitt se dann up so Hauklöß oder up Strauhballen von de Diäll, un an de Wand häbbt se allen müeglikken aollen Kraom hangen, sogar 'nen aollen schwatten Hoot von de Pastor is daobi. Ja vüör Jaohren können se et nich fien genog kriegen. Dat moß al nie sien un poleert sien un glänzen. Dat sind se nu leed. Nu mot dat rustikal sien, wu se dat so fien säggt, un dat hett doch bloß, luck nao aolle Buern Art un Maneer. Wenn usse Wichter nu inne Kiärk gaoht, dann treckt se wier Holsken an, wull luck fiener äs miene Klutenholsken up de Diäll, obber wenn se üöwer de Straot gaoht, dann triät't se up'm Grund, dat et män so klappert. To't Danzen treckt se sick so'nn langen, bunten Unnerrock an, äs usse siälge Moder dat auk deih."
Hiärm: „Jau, un wenn de Städtkers nu üöwer Land föhert, dann doht se dat manks nich mähr met iähre fien poleerten Blickkästen, dann föhert se wier met Piärd un Wagen, un'n Treckbühl drup, un se singt daobi wier de aollen Volksleeder, we wi in usse Jugend all sungen häbbt. Se könnt auk all wier tofoot gaohn un met't Rad föhern, wat doch de lessten twintig Jaohr nich mähr standesmötig was. Un füör dat al häbbt se vandage 'nen ganz fien Waort, se nennt dat Nostalgie. Ick gleiw, dat hätt soviell äs Heimweh nao de Aollen Tieten. Un ick mein, dat is'n gesund Heimweh."

Franz: „Mi dücht, dat se auk al wier luck anners üöwer Liäben un Stiäwen naodenkt, dat se wier'n birtken christlicker wäed. Se häbbt so langsam inseihn, dat et aohne denn Häerguott eenfack nich geiht up de Wiält. De schlimmste Naut vandage is jä de reliöse Naut un dat se kinn'n Sinn mähr find in't Liäben. Wenn usse Häerguott nich mähr denn Ton angiff, dann kümp jä auk alls ut'n Tratt, dann geiht de een giegen denn annern an, dann is Laigen un Bedraigen jä an de Tagesordnung. Daorüm staoht jä auk alle Dag de Tietungen vull von Mord un Dautschlag."

Hiärm: „Dat weet ick wull, aohne Häerguott löpp sick de Wiält fast un in'n Knüpp. Füör jede Gebott, wat se affschafft, müet't se jä 'nen Haupen Gesetze maken, denn aohne Ordnung geiht et nich up de Wiält. Un dann müet't se faots 'nen ganzen Haupen Polzisten mähr häm'm, de de Ordnung auk düörset't. Nee, wenn de Wiält wier in Ordnung kuem'm sall, dann geiht dat bloß met'n Häerguott un sien Gebott. Franz, mi dücht, met usse aollen Ansichten passt wi doch nao wull ganz guet in de nie'e Tiet."

„Dat Vaderusse häw 51 Wöer, de teihn Gebotte häbbt 62. Obber eene Vörordnung von de EWG-Kommission üöwer dat Inföhern von Karamellen un Karamellensaaken treckt sick üöwer 26911 Wöer henn."

Dat sesste Gebott

Büsskes Tresken, so'nne Buernfrau ut Varenrode de wull to Allerhillgen un Allersiälen bichten. Dat deihen doch alle üörnlicken Lüe, se wullen vüör allen Dingen biäden füör de Armen Siälen.

Düttmaol gonk se ungäen to't bichten, denn se har wat makt, wat se nich gäen bichten moch.

An'n lessten Dagg vüör Allerhillgen gonk se muorns schwaoren Hiärtens nao de Kiärk. Iärst deih se sick lück sammeln, dann biäre se luck un dann gonk se in'nen Bichtstohl.

Dann bichte se, wat se so to bichten har, ümmer so datselbe. Un dann schweeg se.

„Is dat alls?", frogg de Pastor.

„Ne", sagg Tresken, „ick häw dao nao watt maket, dat was giegen dat sesste Gebott, un dat mag ick doch gar nich säggen."

„Sägg se't män, leiwe Frau, et bliw jä unner us, un dann kümp dat al wier in Ordnunk, un dann könnt se wier ruhiger liäben", sagg de Pastor.

„Ja, Häer Pastor, dann will ick't säggen", sagg Tresken. Un dann sagg se:

„Häer Pastor, äs se nüelick an ussen Hoff vüörbigongen, dao häbb ick to usse in Hues säggt, wenn usse besten Schwien so'nne dicke Mäise hann'n, äs Se, Häer Pastor, dann konn'n wi to Wiehnachten nao wull schlachten."

„Dat Lachen is de küörtste Vörbindung tüssken twee Mensken."

In de Straotenbahn

Dao föhere 'ne Buernfrau met de Straotenbahn von Kinnerhues nao Mönster. Se har'n Fahrschien löst büs an'n Bahnhoff. Dao steeg se obber nich ut, se föhere nao'n ganz Stück wieder. Nu kamm de Schaffner un kontrolleere de Fahrschiene. He frogg de Frau:
„Sagen Sie mal, liebe Frau, Sie wollten doch am Bahnhof aussteigen, warum blieben Sie denn sitzen?"
„Ick wull jä wull utstiegen", sagg de Frau, „ick konn dat obber nich, mien'n Ächtern de was mi inschlaopen."
„Sowas gibt es doch gar nicht", antwortete der Schaffner.
„Doch, doch," sagg de Frau, sowat gifft wull." Un dao sagg 'ne annere Frau, de niäben de Buernfrau satt:
„Ja, ja, Häer Schaffner, dat stimmt, ick häw ganz dütlick höert, wu he an't Schnuorken was."

De aolle Kiärkenköster

Wiersbaums Anton was lange Jaohre Kiärkenköster. He was auk siet Jaohren 'nen trü Mitglied von de CDU. Äs he reinewegg aolt un gebriäklick wuor un he miäke, dat et met em to End gonk, dao tratt he ut de CDU ut un gonk in de SPD.
Eenes Dags sagg he dat sienen Pastor, dat he de Partei wesselt har.
„Oh Köster, dat is schlecht", sagg de Pastor, besonners nu, wao ih't Stiäwen naiger kuemt, häbb ih ju dann gar nicks daobi dacht?"

„Ja wull", sagg de Köster, „Häer Pastor ick häw mi dat lange Tiet üöwerleggt, obber ick häw so dacht, wenn al een stiäwen mot, dann is't doch biätter, dat een von de SPD äs von de CDU stärw."

„Frieheit is ümmer geföhrlick, obber se is dat Sicherste wat wi häbbt!."

„Maak de nicks drut, wenn du äs heestrig büs, we flüsstet, de glöw man alls."

Unna is dao!

Wenn Unna vandag 'ne Kreisstadt is met'n grauten Bezirk, dann was siene Bedütung nao'n Krieg nao viell grötter. De miästen up't Land kreegen all Hiärtkloppen, wenn bloß denn Namen Unna foll.

Dao wass 'ne Buernfrau, de konn iähren Mann eenes Muorgens nicht ut'n Bärre kriegen, he har nämlick büs deip in de Nacht Karten spierlt. Wat mok se? Se gonk up de Kammer un sagg ganz besuorgt to iähren Mann: „Jossepp, staoh gau up, Unna is dao!" Up de Stell sprank de Mann ut de Bettstiär un greep gau nao de Bux.

Nu wass dat jä to de Tiet so: In de Stadt dao wüören de Lüe wahn schmächtig, un jedereen spickeleere, off he nich nao so'nn halwen Vedder up't Land har. De Lüe up't Land wüssen sick kinnen Raot mähr met allen Besöök ut de Stadt.

Bi Leissings up'm Hoff wuor Familienraot hollen, wu dat in düssen Punkt so wiederlaupen soll. Dao sägg de Frau:

„Vader, wi müet't doch nao wat maken, wi müet't de Lüe helpen, wi könnt se doch nich so schmachten laoten."

De Vader wuß Raot. He mok in de Schopp' nen kleinen Stall torecht, so luck ächtert Strauh, un dao satt he so'n hennigen Leiper drinn. Tresken, siene Frau, vörsuorge dat Schwienken guet.

Eenes Muorgens, Jossepp was all längst wiet wägg up'm Kamp an't Plögen, dao reip de Naober an un sagg:

„Unna is dao!"

In iähre Naut schnappt Tresken sick 'nen aollen Kartuffelsack un vörsocht, dat Schwienken dao drintostoppen. Obber dat was all'n kräftigen Gesellen, et wiährte sick met alle Beene un mok 'nen wöst Spektakel. Obber Tresken was'n stark Fraumensk un nu in iähre Naut duppelt stark. So duere et nich lang, dao schlierpe se met denn achtzig Pünnigen üöwer de Wieske up de Sandkuhl to. Dao wull se dat Schwien nämlick evakueeren (dat was daomaols 'nen nie'en Utdruck).

Se schneet nao 'nen klein Lock in'nen Sack, dat dat Dier auk Luft kreeg, un dann gonk se gau nao Hues.

Giegen niegen Uhr kamm „Unna", met drei Kärls, se keeken faots in alle Ställ un Ecken. In de Schopp froggen se:

„Was machen sie denn mit diesem Stall?" Tresken sagg:

„Dat is, wenn äs 'nen Schwien nich friätten will, dann krigg dat hier wat Äxtros, un schön warm is et hier jä auk."
Äs se nao up'm Hoff so tosammen stonnen, saogen se up'm Maol, dat dao een Schwienken twiärs üöwer de Wieske up'm Hoff tokamm.
Tresken wuß faots Bescheid. Dat Dier har sick frietrampelt un wull nu nao Hues henn. Tresken leih sick obber nicks miärken.
De Unna-Lüe wullen obber wietten, wat dat füör'n Schwien wüör. Dao sagg Tresken:
„Dat häw ick all hier äher laupen seihn, dat söch sick wat. So Schwien sind jä vandage manks iäbenso schmächtig äs de städtsken Lüe. Et sall wull een von de Naobers höeren."
De Unna sagg: „Dann tuen Sie das Schwein doch in den leeren Stall, bis der Besitzer kommt und es abholt."
Dat Schwien kamm in denn Stall un deih faots so, äs wenn't dao to Hues was, un de Unna-Lüe meinten:
„Das Tier freut sich sichtlich, daß es nun einen so schönen Stall hat."
Tresken vörtellt nu nao manks, dat se daomaols 'nen Schwien schwat schlacht harren, un dat Unna dao nich so ganz unschüllig dran wesst was.

„Lüe, de alls häbbt, wat se willt, vörtellt gäen annern, de dat nich häbbt, dat se egentlich gar kien'n Wäit daorup leggt."

De Wallfahrt

De Buern ut Aollenrheine de harren iähre graute Footwallfahrt nao Telligt. Unnerweggs schluotten sick viell Lüe ut alle Düörp an. Se alle wullen iähr Anliegen de Moder Guotts vüördriägen. Dat doht de Aollenrheiner all siet mährere hundert Jaohr. Auk in de brune Tiet trocken se alljöhrlick, wenn auk in kleinere Tröppkes, nao de Moder Guotts nao Telligt.
Nu is dat faken so, dat't jüst an so'nn Dagg riängt. Düttmaol riänge et auk al män to.
Vüör denn Trüggegang von Telligt nao Aollenrheine stonn een von de Buern in de Kapell in Telligt un sagg to Maria, to de Moder Guotts:
„Hillige Maria, Moder Guotts, du sitz dao so schön drüge up dien Postamentken, un ick mot vandage wier to Foot trügge nao Aollenrheine laupen un dat bi so'nn Riängen. So'nn biertken füör drüg Wiäre häss du jä auk wull suorgen konnt."

„Nicheen up de Wiält stiählt soviell äs de Inflation."

„Bi't Biäden is'n Hiärt aohne Wöere biätter äs Wöere aohne Hiärt."

De Waterkur

Willem un August sitt't sunndagsmuorns in't Wäetshues un hollt'n däfftig Prötken. Se häbbt sick düttmaol wahn wat to vörtellen, denn veer Wiäk was iähren Fröhschoppen utfallen. Willem was nämlick in Urlaub wesst.
Willem: „Dat mot jä auk äs sien. Alle Wiält föhert jä in Urlaub. Obber mien Urlaub was wat Äxtros, ick bin nämlick vörschickt wuorn. So äs fröher de Blagen vörschickt wuorn, so makt se dat vandage auk met us aolle Lüe. Obber ächternao bin ick de doch nu ganz met invörstaohen".
August: „Dann häss du sicher viell seihn van de Wiält, wao büs du dann üöwerall wesst?"
Willem: „Jck moss boll'n heelen Dagg met de Jsenbahn föhern. Äs miene Kart afflaupen was, dao stonn ick in Wörrishofen up'm Bahnhoff. Von Wörrishofen har ick fröher all viell luosen, von Pfarrer Kneipp un siene Waterkuren, waomet he jä alle Wiält kureen wull. Jck namm mi 'ne Tax, dat satt jä genog drann, dat betahle jä all miene Kass, un et duere nich lang, dao stonn ick in dat Kneippianum, so hädde nämlick dat Hues, wao ick wuohnen soll.
Äs de Mann an de Paort mienen Namen indruogen har, dao sagg he: „Gehen Sie sofort in die Badeabteilung, denn ihre Kur beginnt schon heute. Jck gonk in'n Keller nao denn Bademester, un et duere auk nich lang, dao gaut he mi dat kaole, natte Water so von buowendal üöwer de blauden Iärms. Jch wull mi ächternao affdrügen, obber mien Handook satt nao un'n Koffer. Dao sagg de Bademester: ‚Stellen Sie sich nur ans Fenster und lassen Sie sich von der Luft abtrocknen.'

Äs ick dao nu so stonn, beide Arms so schraot in de Lucht, so äs de leiwe Häer an't Krüß honk, un alle Lüe up de Straot mi so bekieken konn'n, dao kamm mi doch de Gedanke: Wenn ick nu äs faots 'n Sitzbad kriegen har, un ick möss mi dann hier auk so andrügen laoten, de Blamage was doch nich uttodenken.
Met Water wuor in Wörrishofen alles annere äs spart, wenn't auk buten nao so drüge was. Man kreegt von vüörne un von ächten, von unnen un von buowen. Un daobi häw ick allsiliäwen nich viell von't Water hollen. Et hätt jä nich ümsüss bi us in Westfaolen: Holl'n Buuk ut't Water un't Water ut'n Buuk!
August: „Dao weet ick nao'n annern Sprüek: Wenn de Buer nich schwemmen kann, dann liggt an't Water."
Willem: „So richtig an't Schwemmen häbbt se mi jä nich kriegen, obber in een Deel was ick wier Baas, un dat was de Blitzguß. Jck sägg di, dat gonk drann met Blitz un Doria. Jck stellde mi in eene Eck un de Bademester in de annere Eck. Un et saog ut, äs wenn wi us nu giegenenanner angaohen wullen. Dao namm he sienen Waterschlauch, so eenen äs de Brandmester bi de Füerwiähr brück, wenn't an't Lössken geiht, un holl mi so'nn dicken Straohl direkt up'm Rüggstrank. Iärst schmeet et mi giegen de Wand. Obber dann häw ick mi doch äs so richtig up miene grauten Pattken stellt, un dat hätt emm doch wahne imponeert. Der Westfale hat die Probe bestanden, sagg he ächternao, der kann entlassen werden. Äobends häw ick dann to'n Abschluß nao eenmaol kneippt, obber dat schriew man doch biätter met een p. Üöwerhaupt geföllt mi dat met een p jüst so guet äs dat met twee p.
Bloß wat mi dao de Dokter to'm Schluß säggt häw, dao kuem ick nao nich met torächt. He gaff mi guete Raot-

schläg füör de Tokunft un sagg daobi: Wichtig ist der gesunde Schlaf. Sie müssen wenigstens 8 Stunden pro Tag schlafen. Nu sägg du mi äs, August, wann soll ick dann üöwerdagg nao arbeiden? Un watt sall ick dann de ganze Nacht daohn?"

„Vielle Mensken set't iähre Gesundheit daoran, viell Geld to vördeinen, un müet't dann iähr Geld drannsetten, üm wier gesund to wäeden."

Frau Nieriek

Jn so'nn klein Düörpken in't Mönsterland dao har sick auk de Famillge Nieriek innöst. De Frau Nieriek deih sick gäen luck wichtig, un se spierle sick auk mächtig up.

Nu wull se äs'n gemötlicken Aobend in iähr schöne niee Hues maken un daobi natürlick nutz angiewen. Se lade to düssen Aobend de vüörnehmen Büörger ut Duorp un Buerschuppen in. Äs se denn evangällsken Pastor inlade, dao frogg he Frau Nieriek, off he auk siene Frau metbrängen droff.

„Aber sicher doch, gerne Herr Pastor", sagg Frau Nieriek.

Nu sagg Nieriek sölwst to siene Frau, dat se obber auk denn kathollsken Pastor inladen moß. Se deih dat un

sagg denn Pastor faots daobi, dat he auk siene Frau metbrängen konn, un dat de evangällske Pastor dat auk deih.
„Gut, gut, herzlichen Dank Frau Neureich", sagg de Pastor, „aber wir haben doch den Zölibat."
„Macht doch nichts, Herr Pastor", sagg Frau Nieriek, „dann bringen Sie den kleinen Zölibat doch mit."

„De Geliärgenheit, denn Mund to hollen, de soll man nich vörbigaohen laoten."

Dat Goldpaar bi Petrus

Biärbaums Franz un sien Tresken harren so guet un wall iähre „Goldene Hochtiet" ächter sick bracht. Dao duere et nich mähr lang, dao holl Petrus se beide in de biättere Ewigkeit.
Iärst starw Tresken. Äs se bi Petrus ankam, dao sagg he to Tresken: „Gaoht se män äs in denn grauten Saal, se müert wochten, büs dat iähr Mann hier ankümp."
Äs Franz dann eenige Tiet laater auk buowen ankam, dao holl Petrus de beiden aollen Lüe to sick; se mossen sick bi emm up de Bank setten. Dann keek Petrus in dat graute Sünnenbook un sagg:
„Ja ih leiwen Lüe, so ganz eenfack geiht dat nich met ju aff."

Dann stelle he sick ächter dat aolle Tresken un stack se met 'ne lange Naodel dreimaol in'n Ächtern. Tresken sprang up un sagg:
„Wat soll dat dann Petrus?"
„Ja", sagg Petrus, „dat wassen drei Naodelstiche. Se wassen in Iähre Ehe dreimaol untrü."
Äs Tresken sick nu ümkeek, dao was iähr Mann, denn gueten Franz, vörschwunden. Nu wett't doch guet, dacht se. Dann frogg se Petrus, wao iähr Mann dann bliewen was.
„De is niäbenan", sagg Petrus, „dat könn wi hier nich maaken, de mot unner de Neihmaschin."

„Man süht 'ne Frau an, off se oft anseihn wett."

Adenauer in Berlin

Adenauer besoch äs Berlin. Daomaols was Willi Brandt nao Büörgermester von de Stadt. Äs de Besökstiet vüörbi was, dao flaug Adenauer wier trügge.
Up denn Wegg nao'n Flughafen gonk 'ne ganze Riege hauge Häerns, darunner natürlick auk Büörgermester Brandt, met emm. Dao wull em Brandt nao wat säggen. He reip:
„Herr Adenauer", und dann nao stärker, „Herr Adenauer."

Adenauer keek sick gar nich üm. Äs Brandt dann nao stärker Herr Adenauer reip, dao keek de aolle Adenauer sick üm un sagg:
„Na, Herr Brandt, wat is denn?" Dao sagg Brandt:
„Aber Herr Adenauer, Ihr Gehör ist schon schlecht."
„Ne", sagg Adenauer, „mein Jehör is nit schlecht, aber Ihr Ruf, Herr Brandt, der is nit jut."

Dat Liäwen von'n Mann lött sick in drei Affschnitt updeelen:
„Mien Papa is stärker äs dien Papa",
„Och Papa, wat vörsteih's du all daovon",
„Mien Papa de heff ümmer säggt . . ."

De Luus

De Lährer unnerrichtet siene Jungs üöwer de Dier-Wiält. Dann vörtellt he iähr wat üöwer de Luus.
„Obwohl die Laus überall sehr bekämpft wird, kommt sie, besonders in den ländlichen Gebieten, immer noch vor", so sagte er.
Dann frogg he de Schöler, off een von iähr to de naichste Stunn 'ne Luus metbrängen konn. Dao melde sick Bennätzken, he wull 'ne Luss metbrängen.
„Wunderbar", sagg de Lährer.
Jn de naichste Stunn, so acht Dage laater, gong't dann

met de Luus wieder. Vüör de Stunn kratzt sich Bennätzken an'n Kopp, fänk de Luus, de he metbracht har, kick se sick genau an un dann stoppe he se wier in sien Haor. Äs dann de Lährer frogg: „Bernard, hast du eine Laus mitgebracht?", dao sagg Bennätzken:

„Ja, Herr Lehrer, ich habe wohl eine, das ist aber 'nen Möhrken (Muttertier), das kann ich nur für fünfzig Pfennig abgeben."

„Een'n Bekannten dat is'n Mensk, de man guet genog kennt, üm em antopumpen, obber doch nich so guet, dat man em wat utlehnen moch."

De Wellensittich

Twee Rentners wassen Frönde wuorn. Se gongen jeden Dagg tohaup harut. „Bi schön Wiäre geiht de Tiet in Guotts Natur am besten harüm, leig is et füör us aolle Lüe, wenn't riängt, un man nich harut kuem kann", so sagg Franz, äs he fraoggt wuor, wat he egentlick denn ganzen Dagg mok.
„Dat stimmt", sagg August to Franz, „ick häw mi deswiägen 'nen Wellensittich toleggt, denn kann man ümmer tokieken, weil he boll ümmer an't herümkleien is. He kann auk al enige Wöer säggen, sowiet häw ick em al bracht. Ja Franz, so'nn Dierken soss du di auk män halen, denn häss du auk bi Schlechtwiär Unnerhollung."
Franz koff sick dann auk so'nn Vüegelken, un he was ganz froh, dat he nu etwas Liäben in Hues har.

Nao eenige Wiärk besoch August sienen Frönd Franz. He saog dann auk denn Wellensittich un sagg:
„Du Franz, dat is'n schönen Vuegel, bloß he is so ösig, de Fiädern de sit't jä vuller Driet, du moß dat Dierken äs reinigen, dat mak ick auk aff un to met mienen Vuegel."
„August, wu mecks dat dann", frogg Franz em.
„Oh dat is ganz eenfack, dat mak ick met Seepenpulver", sagg August.
„So met Seepenpulver", gaw Franz to Antwort, „dann will ick dat gliek auk äs maken."
An'n naichsten Dagg troffen sick de beiden Frönde wier.
„Sägg äs Franz", sagg August „häss du dienen Wellensittich gistern wassket un wu häw di dat daomet gaohen?"
„Ja sicher August, häw ick de wassket", sagg Franz, „dat Wassken dat konn he wull häm'm, obber dat utwringen, dat häw he nich üöwerstaohen, dao is he mi bi dautgaohen."

„Wenn man in Pankßion geiht, dann vörlüss denn Saoterdag jeden Reiz."

De diäre Frau

Disselkamps Tresken, so'nne Buersfrau ut Backsduorp, was stuoben. Dao stonn Disselkamp met siene Blagen alleen. Nu bleew emm nicks anners üöwer, äs wanners wier to hieraoten, denn 'nen Buernhoff aohne Frau dat is nicks. De Buer hieraote dat Süsster von de iärste Frau, siene Schwöügerin also, un dat met Tostimmung von Rom.

Männ düsse twette Frau liäwe auk nich lang. Twee Jaohr laater was se auk daut. Nao dat Truerjaohr wull Disselkamp to't diäremaol hieraoten, was konn't helpen, he moß jä wier'ne Frau up'm Hoff hemm'm.

Dao gonk he nao de Pastor, üm de Hieraot met emm to beküern.

„Wat wuss Du dann düttmaol von Wicht hieraoten", frogg de Pastor.

„Dat diäre von de Süssters, et is jä nao een Süsster in Hues, dat hieraot ick nu", sagg de Buer.

„Nu vörstaoh ick di obber nich", sagg de Pastor, de iästen beiden Frauen, Tresken un Anna, häbbt di doch halwdaut iägert, un nu wuss du nao dat diäre von de Süssters, de Agenes, hieraoten", frogg de Pastor.

„Ja, Häer Pastor, dat wull ich wull, un daomet ruod ick dann de ganze Famillig ut", sagg de Buer.

„Ümmer höert un läes man von de aoltmodske Ährlickket. Daobi hätt de Unährlickket doch auk 'ne graute Tradition."

„Bloß dat, wat de Besöök sägg, wenn he in iähren Wagen wier afhaut, tellt würklick."

Denn Dusendmarkschien

Willem wull'n Piärd vörkaupen. „Et mott rund Geld sien", sagg he to denn Händler. Weil dat Piärd guet was, schlogg de Händler in. Dann lagg he emm faots 'nen Dusendmarkschien up'm Dissk. Willem bekeek sick dat Ding von allen Sieten, denn sowat saog he jä nich alle Dag.

„Wu krieg ick denn kaputt?" sagg he, „denn ick mot daovon 'ne ganze Masse Riäknungen betahlen."

Dao sagg de Händler: „Dat is ganz eenfak, ih gaoht nao Mönster nao de Kass, dao krieg ih vüör düssen Papierlappen 'nen ganzen Bühl vull Sülverdalers."

Dat moß nu an'n naichsten Dagg faots wat wäeden. Tresken, siene Frau, gaw emm 'nen grauten Linnenbühl met un Willem trock löss. Jn Mönster an de Kass kreeg he tatsächlick 'nen ganzen Bühl vull Sülvergeld. He mok nao iätlicke Besuogungen in de Stadt un ee'n Schnaps satt de jä auk nao wull an. Un so gonk he in'n Kiepenkärl harin.

Dao troff he sienen Frönd August. He vörtell emm sienen gueten Handel, un dat he nu met de ganze Dräggt von Sülvergeld wier nao Hues henn wull. Dao sagg August:

„Du dräggs di jä scheev un möh met dat vielle Geld, un geföehrlick is dat auk. Dat mäck man jä vandage anners. Man giew dat Geld up de Post, un de brängt dat dann füör'n paar Grössken an'n annern Dagg di in't Hues."

Dat geföll Willem wull. He gaff sien Geld up de Post un trock dann met sienen Frönd August ganz kommodig wier nao Hues.

An'n annern Dagg, äs de Breefdriäger kamm, dao stonn Willem all praot in de Küerk.

„Vandag bin ick juhen Glücksboten", sagg de Breefdriäger, „so viell Geld häw ick nich alldage." Willem rümde all denn Dissk up füör de viellen Dalers, de nu kuem sollen.
„Iss nich nairig", sagg de Breefdriäger un lagg emm 'nen Dusendmarkschien up'm Dissk.
„Wat", sagg Willem, „ick häw doch an de Post in Mönster lutter Dalers inbetahlt."
„Ja", sagg de Breefdriäger, „dat is egaol, dusend Mark sind dusend Mark."
„Laot juh guet gaohen", sagg he nao un dann trock he aff.

„Nicks giff Ehelüde von vandage so'nn gueten Tosammenholt, äs 'ne gemeinsame Stüervöranlagung."

De Supermarkt

Et giew doch alle Dag wat Nies, miästiet nicks Guet's, obber manks ist doch auk recht plasseerlick. Dao hannen se in so'nn hännig Duorp all wier 'n grauten Laden upmakt, wao man so alls kaupen kann, un dat nennt man jä met'n fien Waort „Supermarkt".
Äs de lössmakt wuor, dao was dat'n graut Marakel, denn alle riäken daomet, dat et füör't iärste Maol wat ümsüss gaww. Auk de Pastor kamm, obber de was be-

stellt. De soll nämlick sienen Siängen daobi dohen, un dat ganze krigg daodüör jä auk faots so lück'n soliden un ährlicken Anstrick.

So'nn Pastor de is jä in socke Lage ümmer schlecht dran. Döht he dat nich, dann treckt se em wennigstens füör de naichsten drei Jaohr de Koellekt aff, un an't Portmannai sind de Pastörs jä auk nao wull empfindlick.

De Pastor mok dat dann auk recht guet un würdevull, un he huope, dat doch de moderne Supermarkt auk füör de Gemein to'n Siängen wäeden mogg.

Ächternao trock emm de Naober von düssen Supermarkt bisiet un sagg:

„Häer Pastor, ih wiet't jä wull, ick häw niäbenan so'nn kleinen Kraomladen, wo man auk so alls kaupen kann. Könn ih nich, wao ih grad hier sind, auk nao iäben to mi kuem'm? Jck häw denn Siängen nu wull duppelt nairig."

De Pastor frogg em, off he dao dann so'nn richtigen Huessiängen maken soll?

„Ne, sagg de Mann, „brengt män leiwer faot's de leste Ölung."

„De miäste Schatten in usse Liäwen kümp daohiär, dat wi us sölwst in de Sunn 'staoht."

„Reisen is lährriek, man lährt, wu rassk man't Geld quitwäeden kann."

Oldhues Bäind

Bäind was'n aollen Suldaot. He har denn Krieg 1870/71 metmakt un was wiägen Tapferkett utteekt wuorn. He har de Medalg kriegen, wao drup stonn: „Dem siegreichen Heere". Dao was he ganz stolt drup, he draug dat Dingen wenn de Kriegerverein wat har un auk up jede Schüttenbeer. Nicheen har soviell metmakt un was so tapfer wesst äs he.
Äs de Suldaoten nao'n iärsten Wiältkrieg wier nao Hues kamm'm un von iähre Kriegstiet vörtellten, sagg Bäind: „Dat mag wull schwaor wesst sien, wat ih dao metmakt häbbt, obber ick sägg ju, ih sollen äs 1870/71 daobi wesst sien, dao was wat löss. De Tieten vörgiätt ick nie." Un dann vörtelle he ümmer dütt eene Beliäwnis:

„Eenmaol wassen wi auk äs wier dagelang in'n Kampf. Dann schmeeten wi denn Franzosen trügge un dann drükke he us wier trügge, so gonk dat henn un hiär. Dao kamm eenes aobends usse Leutnant to mi un sagg: ‚Gefreiter Oldhues, so kanns nicht weitergehen, was meinen Sie zur Lage?'
Häer Leutnant, sagg ick, wi müet nu usse Kanunnen insetten, allbineen, muorn fröh faots, rechttietig, am besten all üm veer Uhr, wenn de Schangels nao schlaopt. Wi müet dann ut alle Röhers scheiten, aal män drup, de dürft iärst gar nich to Vörstand kuem, de müet nich mähr wietten, off se Männken off Wiewken sind, dann treckt se wull aff, Häer Leutnant.
‚Das ist ein guter Vorschlag', sagg de Leutnant to mi, ‚ich werde dafür sorgen, daß der Befehl zu solchem Angriff erteilt wird und daß alle Geschütze heute abend in der Dunkelheit in Stellung gebracht werden.'

An'n naichsten Muorn punkt veer Uhr schauten wi löss. Dat wass'n Füerwiärk un'n Qualm un 'ne Driet aohne Glieken. Schließlick trock de Franzos aff. Bloß up denn linken Flüegel dao satt he nao fast. Dao sagg Leutnant Meiering to mi:

‚Gefreiter Oldhues, nun schießen Sie mal den Widerstand auseinander.'

Jck sagg: jawohl Herr Leutnant. Ja, un de Leutnant de wuß genau, dat dao, wao ick hennschaut, kien Gräs mähr woss.

Un dann richte ick mien Geschütz genau in. Un dann deih ick twee Granaten drinn. Dat gaff'n Krach un 'ne Driet gonk hauge, wat dao löss was, dat kann ick ju gar nich vörtellen.

Jck har miene Granaten obber män jüst drut, dao kam de Befehl: Kompanie, Seitengewehr pflanzt auf zum Sturmangriff.

Un dann gonk löss in'n Nahkampf. Dao häw wi de Schangels äs wiest, wat et hätt, Nahkampf met de Prüßen maken. Wi häbbt aal män kloppt un stiäken. Jck höere to de gröttsten Kärls von de Kompanie. Jck häw bloß män stiäken, een nao'n annern. Wenn ick so'nn Schangel up't Bajonett sitten har, dann tratt ick 'ne met'n Stierwel runner un dann kamm denn naichsten drann. Jck sägg ju't, de Franzosen de wassen so düörneen, de kamm ut lutter Angst Dick un Dünn ut een Löcksken.

De Schlacht de wass nao män jüst ut, dao reip de Leutnant: ‚Kompanie antreten.' Äs wi us al upstellt hann'n, dao kommandeere he: ‚Das Gewehr über!' Un dann gonk he an usse Front entlang.

Äs he bi mi kamm, dao bleew he staohen, he keek mi an un sagg:

,Oldhues, schauen Sie mal nach oben!'
Jck keek nao buowen, un dao saog ick, dat de lesste Franzos nao up mien Gewiähr satt. Dat was mi doch to dumm, ick häw denn Kärl gau runner daohn.
Dann stelle sick de Leutnant vüör de Front un sagg: ,Soldaten, ihr habt dem Feind eine vernichtende Niederlage beigebracht. Euch gebührt Dank und Ehre für Eure beispielhafte Tapferkeit. Besonderen Dank gebührt dem Gefreiten Oldhues, denn er hat mit seiner Idee und seinem unerschrockenen Kampfgeist wesentlich zu dem großen Sieg beigetragen.' Un dann kreegen wi twee Ruhedage, de harren wi auk wull vördennt."
Oldhues Bäind häw siene Kriegserinnerungen von 1870/71 ümmer wier gäen vörtellt. Jn siene aollen Dage gonk he aobends gäen in de Wirtschaft to't Dämmerschöppken. Häufig stellten sick dann Lüe bi emm an de Thek un gaffen so lang Schnäpskes füör em ut, büs he Spraokwater har.
Dann froggen se Bäind nao siene Kriegstiet von 1870/71. Bäind vörtelle dann siene sick gröttstendeels inbellten Tapferkeiten vor dem Feinde.
Man droff emm daobi obber nich unnerbriäken off anlachen, süss mok he Schluß, denn he namm siene Kriegsbeliäwnisse ganz ernst.

„Klook is, we bloß de Hälft von dat glöww, wat he höert. Nao klööker, we miäkt, wiäke Hälft de richtige is."

Knalliäwten

Hiddkedi, so sagen de Lüe to so'nn klein Düörpken bi Mönster.
Bennätzken gonk dao in de Buerschoppsschoul. He was iärst säss Jaohr aolt un kien'n laigen Jungen. Obber eenes gueten Daags dao stock Bennätzken doch de Hawer, denn he drew et doch 'n birtken to dull.
De Lährer dadele Bennätzken siene Undüegde. He legge dat Kärlken üöwert Knei, un dao, wao de Rüggen sien'n ährlicken Namen vörlüss, dao kreeg he siene Undüegde utbetahlt.
Äs de Schoul ut was, un Bennätzken met Naobersdochter Änneken nao Hues gonk, sagg Änneken to emm: „Wocht män aff, wenn dat diene Mama gewahr wett, dann fiert dien Gättken nao eenmaol Hochtiet."

„Wat füör'n guet Gedächtnis man heff, dat miäkt man iärst, wenn man etwas vörgiäten will."

Von't Schlachten

Hiärm: „Nu, Franz, laot us äs vandage von't Schlachten küern, denn et is jüst Schlachtiet. Wenn buten so nicks to maken is in de Buerie, dann is jä auk de rechte Tiet, dat man een'n an de Ledder krigg."

Franz: „Jau, fröher was dat ümmer 'nen graut Fest. Un dann gaw't ächternao ja auk miästens 'ne Schlachtvisiet. De Naobers keimen, oder wat sick süss so tosammenfunn. Un dann liärwten se so richtig pännkesfett. Et is auk nich bloß Tofall, dat in de Tiet dann de Städters auk gäen lück üm de Pöst luerden, denn se wüörden miästiet recht schmächtig.

Hiärm: „Wat häbbt sick de Tieten ännert. Fröher konn dat Schwien jä auk nich schwaor un fett genog sien. Mien Moder sagg ümmer: Dat Schwien, wat met us an'n Dissk geiht, dat vörsuorg ick extro guet, dat krigg ümmer 'nen Schüppken Miähl mähr äs de annern. Denn

dat mot 'nen Rüggstrank häbben, wao'n Emmer drup staohen bliew. Un wenn dat an de Ledder häng, dann müet't de Nüeren ratz tositten in Fett. Denn dat Jaohr is lang, un Schmollt un Speck waed alltiet brukt."
Franz: „Wi harren auk äs so'nn Sess-Zentner-Schwien. Miene Frau sägg eenes Dags: Nu will et obber nich mähr friätten. Et is reinewegg tomäst. Wi will't de annern Daag män schlachten. Jck moß nao Wenners Clemens henn, üm met emm to üöwerleggen, dat wi so detüssken kam'm met de Schlachterie.
Clemens stüernede mächtig un sagg: Kärl ick häw de iärsten Wiäken kien Tiet. Jck sitt reinewegg drinn to. Jck sagg: Auk nich füör'ne Nautschlachtung? Dat is sogar 'ne duppelte Nautschlachtung. Dat Schwien will nämlick nich mähr friätten, un wi häbbt sölwst auk nicks to friätten. Dat Ümgereih von dat lesste Schwien ist up, un dat annere sitt in de Pirkel.
Clemens sagg: Kärl, dann mot ick jä wull Raot maken. An'n annern Muorn üm veer Uhr gonk't all löss. Miene Frau was all siet drei Uhr an't Rängstern, dat se denn Schwienpott heet kreeg. Äs Clemens dat graute Dier een'n met de Äxt vüör de Bless schlogg, dao wuor emm dat Dier reinewegg wild un leip emm tüssken de Been düör, so dat de Schlächter bestriehen up dat Schwien to sitten kamm. Obber dann wuor he emm doch wanners Mester. Bloß äs't an de Ledder moß, dao wass nicheen, we dao unner de Ledder gaohn wull, daomet wi de Last an de Wand hauge kreegen. Dao häw ick Öhm Hennrich ut de Naoberschopp halt, denn so'nn Buernöhm is jä miästiet nao wull extro stark. De namm't alleen up sienen breeden Puckel un kreegt up'm End."
Hiärm: „Un dann dat Wuorsten, dat was sicher auk all'n klein Fest. Bi us holp ümmer de Naobersk Kathrin. De

konn wat daovon, un de konn't so nett besäggen, dat wi dusend Plasseer harren. Jck moß daobi jä ümmer dat Wuorstmaschinken dreihen, un dann höeren wi wier dat Nieste ut drei Kiärspels."
Franz: „Eenmaol schimpe de Breefdriäger: Alle Düörklinken bi de Lüe sind schmiärig von de Schlachterie. Müert ju nich wünnern, dat up jeden Breef miene Pooten staoht."
Hiärm: „Wi konnen jä nao 'ne Masse vörtellen, von dat Wuorstebraut un von all de gueten Saken, we't bi't Schlachten so giff. Bloß met denn Pannas wuor dat nao manks üöwerdriewen. Bi dat lesste Schwien in'n Fröhjaohr wuor ümmer äxtro viell Pannas makt, dat moß lang anhollen. Dao wuor bi us füör Pannas äxtro een'n Eck in'n Keller affschlagen. Wenn dat dann wieders in de Tiet kamm, dann kreeg de Pannas so flassgriese Haor. Un ick weet nao, dat mien Vader äs eenmaol to ussen Plogdriewer sagg, äs dat Wiär so schlecht was un buten nicks to maken was: Dann gaoh män in'n Keller to't Flasskämmen."
Franz: „Jau, Hiärm, wat wassen dat nao Tieten."

„De Jnflation heff viell vörännert. Vandage kann aal een alleen genau so billig liäben äs fröher twee."

Fröhschoppen

Jn Brochterbiek dao troffen sick jeden Sunndag nao de Hohmiß de Buern an't Häedfüer. Se vörtällen sick dann wat üöwer iähre Errungenschaften in de Landwirtschaft. Alle lusterten guet to, denn se wull'n al nao gäen wat tolähern un mähr Moos maken.
So mitten in't Küern dao sagg Lücken Franz:
„Dao sink doch gistern von 'ne fief Meter hauge Ledder fallen." Strotmanns Willem sagg emm daorup:
„Du dumme Kärl, wat dös du auk met diene fiefunssiebenzig Jaohr nao up so'nne hauge Ledder?"
„Ja", sagg Franz, „so ganz schlimm wasst nao nich, ick stonn nao up de ünnerste Sproß."

„De Fraog is jä, off de Veerdagewiäk utreekt, sick von dat dreidägige Wiäkenend to erhaalen."

Jägerlatien ut aolle Tiet

„Ja sicher doch", sagg Lohmanns Vader, de sick met de annern üöwer de Jagd unnerholl, „Jägerlatien is jä vandage auk nao nich utstuorwen, obber ick weet't nao so guet äs vandage, dat usse siälge Vader us oft Stückskes von de beiden Jägers Bäind und Hiärm vörtellt heff, de daomaols, et müegt vandage all wull 'ne guete achtzig Jaohre hiär sien, ganz bekannt wassen.
Bäind wassen Brakert von Kärl, Hiärm dat Tiegendeel, schmal un klein. Beide höllen von guet Iätten un Drinken, män bloß bi Hiärm dao schlaog dat nich an. Wenn se up de Jagd göngen, wassen iähre Jagdtassken dicker äs wenn se wierkammen. Beide liäwten von de Rente, wassen alltiet vörgnögt, un wann se wao eenen 'nen Streich spielen konnen, dann leiten se dat nich sien.
Eenes gueten aobends kammen de beiden von't Naoberduorp, wao se up Jagd wesst wassen, trügge. Natürlick met boll lürige Jagdtassken, alle belägten Brötkes un Endkes Mettwuorst wassen up, un de Pullen, de se vull Zielwater metnuommen hadden, wassen kurksdrüge. Män daofüör har Bäind düttmaol 'nen richtigen Hasen in siene Jagdtasske. Dat Dierken was to waoghalsig wesst un to lange sitten blierwen, nu har et sien Fett un Bäind nao lange Tiet äs wier 'nen Hasen.
Hiärm iägere sick, dat he gar nicks in siene Jagdtassk har, mök'n lurig Gesicht un wull grade sien Gewiähr kuort vüör't Duorp in de Luft afscheiten. Daomaols harren se ja nao de aollen Gewiährs, de von buowen laden wäeden mossen. Vandage nimmp'n Jäger, wenn he nich mähr an't Scheiten kuemen is, eenfack de Patron harut, daomaols mossen se obber 'nen Lock in'n Wind scheiten, üm denn Laup lürig to kriegen.

Bäind har sien Gewiähr all an de Schuller, dao reip he: Holt Hiärm, scheit nich! Dann wiese he up'n Mann, de in sienen blaoen Kiel ächtern Struk lagg un sleip. Et was in Stemmert Veehmarkt, un de Mann har sick soviell Hälwkes in'n Nacken schlagen, dat't em to viell wuorn was un he, äs he guet un wall ut Stemmert harut wüör, an'n Grund gerott was.
Dao lagg he nu un schnuorke, äs wenn he't in Akkord mok. Hiärm, sagg Bäind, pass up, denn krieg wi wull wier up de Beene. He treckt sienen Hasen ut de Tasske, schnitt'n up un namm't heele Ingeweide harut. De Mann har, so äs dat daomaols Mode was, 'ne Bux an, de vüörne 'ne graute Klappe har. Düsse Klappe mök Bäind löss, stoppe denn Mann dat Haseningeweide drin un mok de Klappe wier to.
Nu pass up, sagg Bäind to Hiärm, stell di dao ächtern Bussk, un wenn ick büs drei tellt heff, dann schött's aff. Intüsskentiet har he denn Mann mett't Ächterdeel nao buowen dreiht un bi „drei" trock he em met sien ümgedreihte Gewiähr nutz een'n vüör't Ächterdeel. In'n sölwigen Augenblick knallt Hiärm löss, Bäind sprang ächtern Bussk, un beide schmeeten sick an'n Grund. De Mann höere denn Knall, spüöre de Piene un was met eenmaol nöchtern.

Marijoh, se häbbt mi schuotten, denkt de Mann un springt up de Beene. Daobi sackt dat Haseningeweide nao unnen un he spüört de Nattigkett. Dat Geweide sackt deiper un deiper, un in siene Naut höllt sick de Mann met beide Hann'n sien Liew fast. He reip üm Hölpe, män nich een höere em. Föötken vüör Föötken gonk he nao Stemmert trügge, beide Hann'n upt Liew. De Lüde froggen em, wat he har, un se brachen em nao'n Dokter, Kinner un aolle Wiewer ächter drinn.

De Dokter frögg denn Mann, wat em passeert was. Och Herr Dokter, sagg dat Büerken, ick mot stiärwen, de Jägers häbbt mi't Liew utschuotten.
Dann laot't äs seihn, sagg de Dokter un kreeg 'nen Napp met Water un'n Schwamm un dat ganze Doktergereih bineen. Obber de Mann wull siene Hann'n nich von sien Liew daon, he was bange, dat em dat ganze Wiärk weggsacke.
Aowatt, sagg de Dokter, dat kann nu al nix helpen, ick mot seihn, wao du't kriegen häss un wut't utsüht. Daomet mok he de Buxenklappe löss un klattsk, dao lagg de ganze Bescheerung in'n Stuowen.
De Mann schmeet sich äs unwies drüöwer un schreie: Nu gaok daut, mien Liew, mien Liew.
Denn Dokter wass't all wat spassig vüörkuemen, dat dat Liew so klein wüör. Nu holl äs de Muule, sagg he, ick gleiw, ick kann di helpen, bruks nao kinne Angst vüörn Daut to hemm'm.
De Dokter rullt denn Buer up de annere Siete, wassket em dat Liew aff un giew sick an't unnersöken, män he konn kinne Schußwunde finnen. Dann bekeek he sick dat Heipken Geweide äs genauer an un fonk an't lachen, dat em de Tröänen üöwer de Backen leipen.
Kärl, sagg he to denn Mann, äs he wier wat to Aohm kuemen was, füör düttmaol heff't nao guet gaohn, män

---

„Dat Dumme an'n Sossialismus is, dat de Mensken, wenn se sick aneenlehnt häbbt, nao kuorte Tiet nich mähr alleen staohen könnt."

---

dat will'k di säggen, vüör twee Deele moß di in acht nierm'm, nämlick vüör'n Fursel un vüör Jägers.
Et heff nao lange duert, ähr äs de Mann dao ächter kuem is. Büs in siene aollen Dage is he met't Hasengeweide vaxeert wuor'n. Doch een Guet's heff denn Vüörfall hat. Von't Veehmarkt is de Mann ümmer nöchtern nao Huese kuem'm.

Dat Köppken Kaffee

Et was an'n heeten Summerdagg. Dao föhere Tresken, 'ne Oma ut Mesum, met'n Zug nao Rheine. Se wull luck inkaupen. Se gong üöwer de Bahnhoffstraot inne Stadt harin. Dao bleew se staohen un dacht bi sick, nu kiek äs an, wat giewt dann hier? Dao stonn'n doch mitten up de Straot Stöhle un Disske, un dao satten Lüe dran un drunken Kaffee. Ne, so wat, dacht se. Von 'ne Footgängerzone har Tresken nao nicks höert.
Nu deihen iähr bi dat heete Wiäre de Fööte so'nn birtken briänen un deswiägen sette se sick up een von de Stöhle. Faots kamm'n Wichtken to iähr un frogg:
„Darf ich Jhnen 'ne Tasse Kaffee bringen?"
„Jau", sagg Tresken, „de is nich to vörachten".
Kinners nee, dacht Tresken, wat et hier in Rheine nich al giff. Kaffee mitten up de Straot wäed hier anbuoten, man sollt nich gleiwen.
De Kaffee schmok iähr mähr äs guet. Un äs dat Wichtken to't tweddemaol frogg, off se nao'nen Köppken häm'm wull, dao sagg Tresken nich nee. Se drunk auk dat twette Köppken recht vörgnöglick ut. Dann gonk se

nao dat Wichtken, dat iähr denn Kaffee bracht har, un sagg:
„Dat mock ju säggen, Kaffee kuoken dat könn ih hier in Rheine guet, wenn ih äs maol nao Mesum kuomt, dann haalt ju denn Kaffee män wier."

„Well viell frögg de krigg viell Antworten."

In de Eieruhr

De Buer Lattmann in Velpe bi Ossenbrügg was stuowen. He wuor in't Krematorium in Ossenbrügg inäschket. Siene Frau föhere eenige Dage later nao Ossenbrügg un hale de Urne met Aschk aff.
Up'm Trüggwegg troff se 'ne Bekannte ut Velpe, de Frau Kohues. De wull nu Frau Lattmann trösten. Se sagg:
„Ja, Frau Lattmann, et is jä truerig, dat iähr Mann aal stuowen is, de har jä guet nao twintig Jaohr liäwen konnt, obber so is dat Liäben, dao kann man nicks maken. Nu häbbt se doch nao de Urne met de Aschk von iähren Mann bi sick, dat is jä nao guet."
„Mienen Mann", sagg Frau Lattmann, „dat was wull'n gueten Kärl, obber he was viell to ruhig. He konn ganz guet aohne Arbeit liäwen, manks deih he dagelang gar nicks. Ick moß alls in'n Kopp häm'm un auk seihn, dat

de Arbeit makt wuor. Mien Mann, Frau Kohues, de was alls schietegaol. Ne, so'nn fuulen Mann, dat is auk nicks.
Ick häwwen obber nu bi mi hier in de Urne, un ick maken 'ne flott, dat kann ick iähr säggen, Frau Kohues. Ick stoppen glieks faot's inne Eieruhr un dann sall he laupen harup un wier harunner, ümmerto, ick maken ferrig, denn aollen Troddel, dat wick doch äs seihn, laupen sall he, alle Dage."

„Kien'n Mann is so guet, dat em siene Frau nich nao biätter maken könn."

Bi'n Fröhschoppen

Willem un August sitt't bi iähren Fröhschoppen.
Willem: „Mi dücht, usse Pastor wäed auk all luck langsamer. De Miß duere emm von Muorn doch heele fief Minuten länger, un daobi is he doch grad iärst in Urlaub wesst."
August: „Wat du nich säggs. Wat giew's du süss üm fief Minuten? In't Wäitshues kümp et di auk up 'ne heele Stunn nich an. Un up't lange Kneien in de Kiärk kas du et doch auk nich schuwen. Dao up denn Üörgelbüen häbbt eenige sick dat Kneien jä all ganz affgewühnt."

Willem: „Dat is jä all de twette Priäg, we ick nu vör muorn krieg. Obber wenn wi all von't Priägen küert, dat sägg ick di, wenn mi de Pastor äs eenmaol up denn Priägstohl leit, dann sollen de Lüe wat biliäwen. Ick deih dann iärst so ganz sinnig anfangen, büs dat eenige an to nicken fongen. Dann deih ick obber up eenmaol alle Registers lösstrecken, so 'nne Art Blitzguß, äs ick nüelick in Bad Wörrishofen biliäwt häw." Daomett har Willem wier dat richtige Thema packt, siene Waterkur. Willem sagg wieder: „Ick häw doch fröher nich wietten, dat Water so 'nne Bedütung häw. Sicher, nüelick äs et so heet un drüg was, was dat licht intoseihn, dat aohne Water nicks liäwen kann. Un dat man met Water de Müehlen driewen kann un sogar Strom maken kann, was mi auk ümmer klaor. Obber dat in't Water sogar Medizin sitt, we us gesund maken kann, dat hätt Pfarrer Kneipp doch iärst harutfunnen. Obber usse laiwe Häer hätt jä auk viell von't Water hollen, denn he hätt wullt, dat alle Kinner met Water döpt (tauft) wäed, un he hätt dat füör 'ne wahn wichtige Saak hollen."
August: „Usse kleine Bennätzken, de nu in de Schoul kuem is, de höllt nich viell von't Water. Nüelick is he upfallen in de Schoul. Dao sag emm de Juffer: Bennätzken, du hast dich heute noch nicht gewaschen. Bennätzken, frech äs so Blagen vandage sind, sagg eenfak: Doch Fräulein Ilse. Dao sagg de Lährin: Jch seh ja an deinem Mund, was du heute gegessen hast, du hast ein Ei gegessen.
Dao sagg usse Bennätzken: Stimmt nich, Fräulein, das war ja vorgestern."
Willem: „Ja, usse Fränzken, we nu elm wäed, is nüelick met siene ganze Schoulklass an de See wesst. Jck frogg emm ächterhiär: Dat is doch sicher 'nen graut Erliäw-

nis, wenn man dat wiede Miär süht?
Dao sagg he mi doch ganz drüge: Ach, Vader, dat is jä män baar Water, süss nicks."

„Lött sick dat Glück auk nich met Geld kaupen, so giff dat Geld us doch de Müeglichkett, in Ruh' daonao Utschau to hollen."

De heete Supp

Steenkamps Vader was in'n Kiärkenvorstand wählt wuorden, sogar to'n twetten Vörsitzenden. Daorüm lade de Pastor emm äs in to'n Sunndags-Meddagsiäten.
„Ne, ne, Häer Pastor", sagg Steenkamp, „dao kann nicks von wäeden, ick bin'n enfacken Mann, un so tweespännig met Gaobel un Messer iäten, dat kann ick nich, ne Häer Pastor, dat laot män sien."
„Höer äs Steenkamp", sagg de Pastor, „so'nn nie Vüörstandsmitglied, dat häw ick ümmer nao to't Meddagiäten inladen, dat bliw auk so. Dat kanns du auk annierm, du moß män ümmer jüst so iäten äs ick, dann blameers di auk nich. Wi sind jä auk boll alleen, dao is bloß nao mien'n Kaplaon un mien Süsster Tresken, wat miene Hueshöllske is, bi. Blameern kanns du di somett recht nich."

Steenkamps Vader leih sick beküern, män de Pastor de hat't in'n Nacken sitten. Sunndagsmuorns sagg he to siene Hueshöllerske:

„Du, sägg äs Tresken, du moß uss de Supp so möudig warm maken, obber denn Steenkamps Buer de döss se glainig heet up'm Teller."

„Waorüm dat dann", frogg Tresken.

„Ach Tresken, dao män watt ick di sägg", kreeg se to Antwort.

Äs se nu al bi't Iäten satten, dao liepelde de Pastor siene Suppe so stracks wegg. Steenkamps Vader saog dat un mokt genau so nao. Män wat kamm he in Naut un Schweet. He mok'n Bewehen, äs wenn ämm de Struaot togaohen wull. Bi düsse Upregung leih he een'n strieken, wat jä vörständlich is.
„Ne, Steenkamp, dat har ick nich von ju dacht, dat ih dat hier an'n Dissk makt", sagg de Pastor.
„Ach Häer Pastor", sagg Steenkamp, „ih müet't dat entschulligen, obber dat was denn enzigen, de sick rett't häff, de annern sind aal von de heete Supp vörbrannt."

De Pastor sagg äs up eene Hochtiet: „Wi Geistlicken wassen fien herut, wenn wi füör eene Truung soviell Geld kreegen, äs de Rechtsanwaolt füör 'ne Scheidung."

Jn de Badeanstalt

De Lährer sagg to siene Schouljungs, dat se an'n naichsten Dagg von teihn büs twiälw Uhr to't Baden in't Hallenbad gongen un dat se iähre Badebux metbrängen sollen.
An'n naichsten Dagg gonk't dann löss. Schäpers Bennätzken de kamm obber an düssen Dagg all üm elm Uhr wier nao Hues.

„Nanu“, sagg sien Vader, „du büs all wier in Hues, ick dacht, ih mossen büs twiälw Uhr baden.“
„Ja schon Pappa“, sagg Bennätzken. „Usse Lährer de häw mi nao Hues schickt, weil ick in't Water pißt häw, he wull mi nich mähr seihn.“
„So“, sagg de Vader, „dat gehöert sick auk nich, obber deswiägen bruk he di jä nich nao Hues to schicken, denn dat doht de grauten Lüe auk äs wull, wenn se't nairig müet't.“
„Ja Pappa“, sagg Bennätzken, „ick häw obber von't hauge Sprungbrett herunner in't Water pißt, dat is obber heel wat anners.“

Ne Moder to iähre Fröndin: „Nicks giegen miene Kinner, obber to de Ellernaobende dao gaoh ick ümmer unnern fallsken Namen.“

Ewald, haal de Knieptange

Dat Wallfahrts-Düörpken Eggero häw sick in de lessten twintig Jaohr mächtig harutmakt. Mährere guete Wäetshües met Panksjonen gifft dao, wao sick de Lüe in alle Ruh guet erhaalen könnt. Miäst wuohnt dao olle Lüe ut de Grautstädt, de äs so'nn paar Wiäk ganz ruhig un guet in de Naigte von de Moder Guotts vörbrängen willt.
Auk dat Kiärksken un de Gnaodenkapell makt denn allerbesten Indruck. We biäden un sick Traust haalen will, de kann dat in Eggero wällig maken.
De Krüswegg in Eggero is nich lang, obber landschaftlick besonners schön. Up de eene Siet von'n Wegg liggt graute Kämpe, up de annere Siet staoht urolle Baim un wildwassend Holt- un Busskwiärk. Dao tüssken düör schlick sick de Vechte, de bi Eggero nao so'nn klein Bieksken is.
Nich wit von denn Krüswegg wuohnt de Buer Ewald Wassmann. He riäke sick sölwst to de gueten Mensken von Eggero. Aobends, wenn't düster was, dann gonk he ganz alleen denn Krüswegg entlang. Dann konn he sick am besten sammeln, so sagg he.
Äs he maol eenes aobends bi de diärde Station was, dao höere he 'ne Stemm de reip:
„Ewald, Ewald."
Dao blew Ewald staohen un frogg ganz inbrünstig:
„Leiwe Häer, wat sall ick daohen?" Ewald kreeg kinne Antwort. He gonk wieder. Bi de siewten Station höert he wier de Stemm: „Ewald, Ewald. . ."
Ewald kreeg obber wier kinne Antwort. He gonk wieder. An de twiälwte Station dao höert he dann lut un dütlick:

„Ewald, Ewald.“ Ewald reip trügge:
„Häer wat kann ick Guets daohen, du moss so lieden füör de Mensken?“
Un dao höert he dann wier de Stemm de sagg:
„Ewald, gaoh nao Hues un haal de Kniepstange!“ Ewald frogg:
„Häer wat sall ick – wat sall ick denn daomett maken?“
Dao sagg de Stemm:
„Los Ewald, haal de Knieptange un treck mi de Niägel ut de Fööte, dat ick di in't Gatt triäden kann.“

„Iss ju dat all upfallen, dat de wichtigsten Saken nich to seihn sind? De Siäl un de Schwaorkraft.“

In'n Dannenbussk

Bi Stalljanns Buer dao stunk't alltiet so äs in'n Schwienestall. De Buer de konn friäten äs'n Diäsker un dann stunk he in't ganze Hues herüm. Jüst in Hues dao was he ümmer an't Ächtern lüften. Siene Anna har em al faken säggt, dat he siene Winde up de Diäll susen laoten soll. Dann stelle he sick obber an, äs wenn he gar nicks höere.
Nu harren sick Onkel Franz un Tante Tresken anmeld'. De wullen iähr sundags besööken.
„Dat kann guet wäeden,“ sagg Stalljanns Moder, „de On-

kel Franz de heff jä so'nn graut Muulwiärk, de sägg jä wat he will. De rück de Stinkerie hier in Hues, dat sass män seihn, un dann sägg he us dat auk platt vüör'n Kopp."
Wat is to maken? De Moder beküere de Saak met iähre öllste Dochter Maria. Se soll sunndags met iähr Parfümpüllken luck düör de Stüöwens gaohen un de so'nn bietken utsprützen.
„Ne" sagg Maria, „dao weet ick 'nen biätter Mittel. Wi häbbt jä de Pull met Füchtennaodelspree, daomett sprütz wi sunndags muorns dat ganze Hues ut."
„Dat is auk guet", sagg de Moder. Dat wuor sunndaggs auk maket und dao was üöwerall in Hues 'nen frissken Rüeh äs in'n Dannenbussk. Nu was Stalljanns Moder reinewegg glüecklick.
Äs Onkel Franz un Tante Tresken sunndags kam'm un dann so'nn Tietken an'n Kaffeedissk satten, dao sagg Stalljanns Moder:
„Wat mein ih, rück dat hier in Hues nich schön?" Onkel Franz met siene graute Muul de sagg dann:
„Dat dö't wull, ick mein, et rück hier so, äs wenn sick een ächter de Dann'n set't heff."

Eene aolle Frau, de fiefmaol vörhieraot was, sagg üöwer de Mannlüe: „Alle Männer sind herrlick vörscheiden, obber alle Ehemänner sind sick siemlick gliek."

Tüssken twee Vörbriäkers

Jn so'nn klein Düörpken ächter Mönster dao laggen drei Buernhüöve ganz dicht bineen. De drei Famillgen wassen nich guet up eenander to spriäken.
Schuld daoran wass 'nen klein Wiesken, dat tüssken de drei Hüöve lagg. Alle drei Buern, besonners denn gröttsten, behaupten, dat et iähr Wiesken wuor. Un so wuor strierten un dann gönkt von eenen Prozeß in'n annern. De Buern wassen sick dull un de Famillgen auk. Se keeken sick nich mähr an, nich äs sunndags, wenn't nao de Kiärk gonk. De Pastor har auk all alles vörsocht, de Saak to regeln, he konn obber nich ferrig brängen. Nu wochte he siene Stunn aff.
Eenes Dags kamm de gröttste Buer an't Stiärwen. De Pastor wuor halt, obber de wull emm de Sakramente iärst brängen, wenn de Buer sick met de annern Buern vördruogen har.
Dat wull de kranke Buer iärst nich doun, obber dann dachte he an dat Füer in de Ewigkeit, wat villicht all up emm wochte. Äs de Pastor dann auk nao von de Ewigkeit küere, dao was he doch willens, sick met de Naobers to vördriägen.
De twee annern Buern wuorn halt un iähre Kinner auk. De eene Buer wüör up de eene Siet, de annere Buer up de annere Siet von de Berrkant sett't. Nu konnt lössgaohen.
Toiäst hollen se sick aal so'nn biertken trügge, dann obber wassen se invörstaohn. Se beschlaoten, füör sick un iähre Kinner un Kinnerskinner, dat et wiägen dat Wiesken kienen Prozeß mähr giewen soll. Se gaffen sick de Hände un de Pastor freie sick, dat et schafft was.
„Kick", sagg de Pastor dann to denn Buer, de dao in't

Stiärwen lagg, „nu häss du't jüst makt äs usse Häer an't Krüß. De här jä auk in'n Daut siene Fiende vörgierwen.“ „Ih müegt recht häm'm, Häer Pastor“, sagg de aolle Buer, „obber de leiwe Häer is auk jüst äs ick tüssken twee Vörbriäkers stuoben.“

„Dat Gewietten vördärw us oft de schönsten Freiden.“

Dat aolle Kiärksken

Jn'n klein Düörpken in't Mönsterland, dao harren se 'nen schön, aolt Kiärksken. Dat was ümgiewen von hauge Linnenbaim un Fachwiärkhüeskes. Alls was guet uppaßt. Etwas trügge von denn Kiärkplatz lagg de Pasteraot, mitten in 'ne lütke Grönanlage met aolle Zierstrüek un'n paar Obstbaim. Dao ächter lagg Pastors Gaoren, von 'ne aolle Habökenhiegge inschlaoten. Ächten in'n Gaoren stonn dat Gaorenhüesken met 'ne brede Bank daovüör. Dao satt faken de Häer Pastor un biäde sien Brevier. Von de Bank ut konn he auk sien Immschuer üöwerkieken, wat emm so niäbenbi Freide mok.

Dat aolle Kiärksken moß nairig renoveert wäeden. Pastor un Gemeinderaot wassen sick obber daorüöwer ennig, dat dat Aolle in de Kiärk so bliewen soll, äs et ümmer wesst was.

Etwas länger äs'n Jaohr duere et, dao was dat Kiärksken wier fix un ferrig. „Dat mot fiert wäeden", sagg de Pastor, „denn nao all de Suorgen un Arbeiten, de de Gemeinde met de Renoveerung hat har, soll dat Wiärk met'n Gemeindefestken afschluoten wäeden."
Jn Heitküötters Saal was dat Gemeindevölksken vörsammelt. De Pastor, de gäen plattdütsk küere, begrüßte siene Schöüpkes. He bedankte sick füör de Spenden un füör jede Arbeit, de füör dat Kiärksken daon wuorn was.
Un dann sagg he up plattdütsk: „Leiwe Lüe, wi willt dankbaor sien, dat wi dat graute Wiärk so guet to End brängen konnen. Wi häbbt so siermlick alls in'n aollen Stiell laoten konnt. De Schöne Priägstohl is sieger wuorn un up'm annern Platz kuem. Alle Bänk sind utbiätert un nie lackeert wuorn, un usse schöne Kummionbank, der Tisch des Herrn, steiht in'n nieen Glanz wier up iähren aollen Platz. Alls is so bliewen, äs't all bi usse Vüörfahren wesst is.
Nu lad ick ju in, usse schöne Gouttshues recht oft to besöken. Eene Wiäk de häw jä hunnertachtunsesstig Stunnen, daovon müet wi doch wennigstens sunndags eene Stunn füör ussen leiwen Häern üöwerhemm. Wi willt us bi de Miß auk Tiet laoten, besonners bi de Wandlung un bi de Kummion. Wenn't nich anners is, dann will ick de Priäg wull etwas küöter laoten.
Bit't Kummseern lao wi us Tiet, so äs wi dat ümmer daohen häbbt. Wi gaoht auk wieder Bank nao Bank to de Kummion. Dann kneit wi daal, ganz daal, so äs usse Ellern dat alltiet daohen häbbt, un so äs de Hirten un de hillgen drei Küönige et makt häbbt, äs se Christus funnen harren. Ja un wi Geistlicken kneit jä auk deip daal, äher wi denn hillgen Liew Christi to us niemt, ganz ut Ährfurcht.

Ja un Ährfurcht müet wi in de Kiärk, ganz besonners bi de Wandlung un Kummion, alltiet hem'm. Auk usse niee Bischof häw kuort nao sienen Antritt an all siene Pastörs schriewen, dat he sick mähr Ährfurcht in de Kiärken wünske. Daorüm will wi auk in usse Kiärk denn hillgen Liew nich so in't Vüörbigaohen metnierm. Wi willt us an de Kummionbank so viell Tiet laoten, dat wi in Ruhe daalkneien un met denn hillgen Thomas säggen könnt. „Mien Häer un mien Guott."
Dat, wat de Pastor säggt har, dat wuor auk berietwillig makt. Auk de früemden Lüe, de ut Mönster totrocken wassen, moken dat gäen met un et klappe famos.
Nu wass et up Wiehnachten. Äs de Klocken to de Fröhmiß lutten, dao kam'm se von allen Sieten in't schöne Kiärksken. Flietige Lüe harren de Kiärk ganz fien makt. De beiden aollen Juffern, de ut Mönster totrocken wassen un in de Naigte von de Kiärk wuohnten, harren daobi guet holpen. De beiden suorgten dat ganze Jaohr hendüör füör frisske Blomen in de Kiärk. Nu to Wiehnachten harren se auk alle Kärßen füör't Kiärksken stiftet, al ut denn reinen Jmmwaß.
An de Üögel satt de aolle Lährer Klaoverkamp. He spierle to'n Jngang „Stille Nacht, hillge Nacht" un gaff daomet de richtige Jnstimmung. Pastors Priäg was kuort un bündig un indrucksvuell. Bi düsse guete Stimmung kam auk viell Geld in't Küöwken.
Äs't to de Kummion gonk, dao kam auk so'nn fien Dämken nao vüörne. Dat moß wull ut Mönster sien. Et har sicher von't Christkindken 'nen nieen Farwkasten kriegen un sick nu extro schön anmaolt. Iähr Mündken was knallraud anstrieken. Äs de Pastor dat Dämken met de rauden Lippen vüör sick an de Kummionbank liggen saog, dao sagg he so ganz still bi sick:

„Häerguott, nu paß up, de Düör de is ganz frissk strieken."

„De Mensk bruk von Tiet to Tiet so'nn klein Unwiär, daomet he äs maol wier süht, wu wennig he egentlick to melden heff."

Dat was Bäind toviell wuorn

Schmitts August de wull met sien Auto von Ollenbiärg nao Laor föhern. Sien Naober was Geschäftsmann un sagg emm:
„Kärl August, dao kannst du wull'n Päcksken von mi metnierm füör denn Küötter Baltes, de wuohnt in de Aoburschopp, direkt an de Chassee nao Laor."
„Ja", sagg August, „dat kann'k wull maken, ick weet auk wull wao Baltes wuohnt."
August föhere löss. Äs he bi denn Küötter Baltes ankam, dao wassen alle Düörn an't Hues affschlaoten. August de kloppe nao'n paarmaol an't Fenster, he wull sien Päcksken auk gäen löss sien. Dao kamm de Küöttersfrau an de Düör, se har'n Dook üm'm Kopp.
Äs August frogg, waorüm de dann üöwer Dagg alle Düören affschlaoten harren, dao sagg de Frau:

„Ja, ick bin jüst upstaohen, ick heff in de lessten Nacht 'nen Jüngsken kriegen."
August graleere de Frau un frogg, wao dann iähr Mann was. Dao sagg de Frau:
„Ja, Bäind de heff sick luck hennleggt, de is dat in de lessten Nacht 'nen birtken toviell wuorn."

„Guete Famillgen sind Festungen met viell Fenster un Düörn nao buten."

Trügg ut'n Urlaub

Hiärm: „Wu kümp't Franz, ick häw di jä de lessten twee Sunndag gar nich seihn?"
Franz ganz stolt: „Jck was vörreist. Vandage föhert jä alls löss up Reisen, sogar usse Pastor. Un dao häw ick mi dacht, ick wull auk äs luck von de graute Wiält seihn. Un dao bin ick nao Köln an'n Rhien föhert un auk nao Koblenz. Dao häw ick nämlick äs Soldaot al liägen. Un dao wull ick de aollen Gelächter doch al äs wier upsööken."
Hiärm: „Dat is recht so, man kümp äs ut de Holsken. Un'n annern Wind üm de Niers is ümmer guet. Män dann wees du nu sicher auk'ne Masse to vörtellen."
Franz: „Jau wull, obber ick funn mi doch nich mähr torecht in Köln un Koblenz. De Krieg hätt dao jä alls ka-

puttschmietten. Un nu häbbt se up jede frie'e Plätzken 'nen Hues baut, faken so haug, dat man nich harupkieken kann. Un et kriemelt un wiemelt üöwerall von Lüe, witten un schwatten un rauden un alls düöreen. Un egaol sind se an't Küern un an't Schwabbeln, un mi gonk et, äs dat fröher in usse aolle Liäsebook stonn: Kann nicks vörstahn. Denn de Kölner küert jä auk äs halwe Utlänners."
Hiärm: „Wu wass't dann met't Iätten un Drinken, denn dat is jä ümmer 'nen wichtig Deel, wenn man unnerweggs is?"
Franz: „To iätten giew't genog, de Speisekaat steiht heel vull. Obber Priese häwt de, dat di de Appetiet all wanners vörgeiht. Un wenn ick mi äs wat Äxtros utsocht har, met so'nn fienen Namen, dann wass't miährstiet bar Wiesmakerie."
Hiärm: „Wu häss du dann de Tiet harümkriegen, vetteihn Daag aohne Arbeit höll ick nich ut."
Franz: „Et giew dao jä doch 'ne Masse to bekieken. Un dann wull ick mi auk äs eenmaol in'n Rhien de Been wassken. Obber dat häw ick dann doch gau wier dranngiewen, denn dat Water stunk jä äs bi us an'n Hues de Guort ächtern Schwienestall."
Hiärm: „Dann büs du sicher froh, dat du wier in Huese büs?"
Franz: „Ganz gewiß, et giew bloß eene Heimaot, un de is äs 'ne Oase in de graute, vörrückte Wiält."
Hiärm: „Oase, dat hät sicher wat met de Ao (Aa) te dohn, un dann stimm ick di to."
Franz: „Nee, man miärkt doch, dat du nao nich wiet harut wesst büs in de Wiält. Jn de Oase dao grönt un bleiht alls, un de Vüegel singt un de Jmmen summt, un Lüe un Veeh freit sick, dat se dao liäwen drüewt. Denn rundüm

döch et nich. So kamm mi usse Heimaot äs 'ne Oase vüör, äs ick trüggkamm ut de wunnerlicke Wiält."

De Pastor in siene Sunndagspriäg: „Boll alle willt gäen in'n Hiemmel kuem, obber et liäwt nao viell in de Huopnung, dat büs to iähren Daut de Upnahmebedingungen nao lichter wäed."

Opa liäwt nao

Hinnick was Miälkbuer. He kamm jeden Muorn düör de Straoten un brach de Lüde de Miälk an't Hues. Daobi kamm he auk an een Hues, dao satt jeden Muorn de Opa an't Fenster un küere alle Lüe an, auk Hinnick, denn Miälkbuer.
Hinnick wünnere sick, äs Opa eenes Muorns an't Fenster satt un nicks sagg. Äs Opa an'n naichsten Muorn auk nao nix sagg, dao frogg Hinnick de Frau, de an sienen Wagen kamm, üm Miälk to halen, waorüm Opa egentlick nicks sagg.
„Ach Hinnick schwieg still", sagg se „usse Opa de is daut. Obber et sind nao twee Dage büs to'n Iärsten. Un nu do wi so, äs wenn usse Opa nao liäwt, üm dat wi an'n Twetten nao de Rente füör denn naichsten Monat kriegt. Daorüm häw wi ussen Opa an't Fenster sätt't,

dao, wao he ümmer satt, dat de Lüe gleiwt, Opa liäwet nao".

„Guott häw de Tiet makt un de Mensk de Hasst."

Dat heiße Höschen

Sandkamps Buer har ganz klooke Kinner.
„Dat häbbt se von mi", sagg Sandkamps Moder, „ick konn fröher auk so guet läern."
De öllste Dochter Maria was würklick de beste Schölerin in de Klass, se mook alls met guet. De Lährin har to de Ellern al 'nen paarmaol säggt, dat Maria unbedingt up de hauge Schoul moß. Sandkamps Moder leih sick dat auk toküern, denn wat füör'ne Moder höert nich gäen, dat iähre Kinner luowt wäed.
Up de hauge Schoul was Maria auk wier een von de besten Schölerinnen. Äs Maria sessteihn Jaohr was, dao sagg se eenes Dags to iähre Moder:
„Sägg äs Mama, ich wull gäen twintig Mark hemm'm, kannst du mi de wull douhen?"
„Twintig Mark Maria, waofüör wuß du de dann hem'm", frogg Mama.
„Ach Mama, ick wull mi so gäen'n heißes Höschen kaupen, dat häbbt se bi us up de Schoul boll alle", sagg Maria.

„Ne – ne – ne –," sagg Mama, „so wat kriggs du nich, von wiägen, heißes Höschen, ne – ne – ne, ick gleiw, du büs vörrückt wuorn, sowatt makt wi nich mett, bekiek di doch äs de Wichter in'ne Stadt, ganz abscheilick seiht se ut, de schiämt sick vandage üöwerhaupt nich mähr, in so'nn kuort Büxken harümtolaupen, dat hann'n se fröher met us nich maken konnt, ne Maria, met so'nn Wiärk dao bruks du mi üöwerhaupt nich to kuem."
Eenige Dage laater was Maria bi Pappa up'm Kamp an't Kartuffelhacken. Dao vörsoch se, von Pappa twintig Mark to kriegen. Ganz vüörsichtig frogg se:
„Sägg äs Pappa, döss du mi wull twintig Mark füör'n heißes Höschen?"
„Heißes Höschen Maria, wat is dat dann", frogg Pappa.
„Ach ja Pappa, dat is so'nn kuort Büxken ut dünnen Stoff un dat sitt so luck eng an, dat häbbt se bi us up de Schoul boll alle", sagg Maria.
„Ach jaaa", sagg Pappa, „nu weet ick't wull, ick heff de Dinge nüelick all seihn, äs'k inne Stadt was, dao leipen sogar'n paar öllere Wichter daomet harüm, abscheilick saog't ut, äs is jä jüst so, äs wenn de Wichter vandage gar kin'n Anstand mähr häbbt, ne Maria, dat schlao di män ut'n Kopp, 'nen heißes Höschen dat kriggs du nich, so wat makt wi Buerslüe nich mett."
Dao dacht Maria an Opa, von emm har se all so manchen Gefallen kriegen. Un so frogg se emm üm twintig Mark füör'n heißes Höschen. Opa sagg:
„So Maria, 'nen heißes Hööööschen wuss du hemm'm, 'nen heißes Hööööschen, so, so, so, dann sägg mi äs Maria, wat dat dann von Ding is, so'nn heißes Hööööschen."
Äs Maria emm von't heiße Höschen luck vörtellt har, dao sagg de guete Opa:

„Maria, du läer's jä guet up de hauge Schoul, drüm will ick di de twintig Mark wull giewen, obber dann giew ick di vettig Mark, dann brengs faot's twee heiße Höööschen met, een füör di un een füör usse Oma, de is alltiet so kaolt."

Een Mann, de nao so'nn ganz schön Wichtken schiäle, sagg: „Sowat deik mi gäen füör mienen aollen Dagg trüggstellen"

Up Omas Namensdag

Wällerings Oma har Namensdag. Kinner un Kinnerskinner kaimen to't graleern. De Kaplaon, well eene von Omas Döchter äs Hueshöllerske har, was auk kuem. Ne annere von Omas Döchter was met iähre Trabanten kuem, 'ne ganze Riege, äs de Üögelpiepen, een nao grötter äs de annere. De Kaplaon kamm met de Kinner in't Gespräk. He frogg denn kleinen Franz-Josef, fief Jaohr aolt:

„Wat wuss du dann wäeden, Franz-Josef?" De Jung sagg: „Jcke will Pappa wäeden."

„Un du Christa, wat wuss du dann wäeden?" frogg de Kaplaon.

„Jcke will Mama wäeden", was de Antwort.
Dao foll Franz-Josef emm in't Waort un sagg:
„Un usse lütke Werner (de was nao kien Jaohr aolt un har, jüst äs de Kaplaon, recht kiene Haor up'm Kopp) de wett Pastor, de süht jüst so ut äs du."

„Villicht härren de Ellern viell mähr Freide an iähre Kinner, wenn se sick klaormaoken, dat de Film von de Kinnertiet kiene tweemaol afflöpp."

De Bewies vüör Gericht

Buer Kleikamp was äs Tüge vüör Gericht laden. De Richter:
„Zeuge Kleikamp sprechen Sie mir nach: Jch bezeuge vor Gott und meinem Gewissen, daß ich die Wahrheit sagen, nichts hinzusetzen und nichts verschweigen will, das schwöre ich vor Gott, so wahr mir Gott helfe."
Äs Kleikamp dat naospruoken har, dao frogg de Richter emm:
„Zeuge Kleikamp, was haben Sie in dem Deliktfall gesehen?"
„Jck häbb nicks seihn, obber wat höert", sagg Kleikamp.
„Das Gehörte hat keine Gültigkeit vor Gericht, Sie müssen schon etwas gesehen haben."
Jn denn Augenblick leih Kleikamp derbe een'n trecken.

De upgebrachte Richter gaff emm 'ne üördentlicke Rüge. Kleikamp obber, nich up'm Mund fallen, gaff emm to Antwort:

„Herr Richter, haben Sie etwas gesehen? Das Gehörte ist vor Gericht ungültig."

„Usse Körper is dat Gepäck, dat wi düört Liäwen driägen müet't. Jä höcher das Üöwergewicht is, desto küörter is de Reise."

Tweemaol de Taufe

Jn Mettingen was Firmung. Äs de Fier vüörbi was, dao gonk de Wiehbischof in iätlicke Schoulen, üm sick äs so'nn biertken met de Kinner to unnerhollen. He stelle daobi Fraogen an de Kinner. So frogg he auk, off de Mensk tweemaol tauft wäeden konn. Äs he up düsse Fraog kinne Antwort kreeg, dao frogg he:
„Kann ich denn zweimal getauft werden?"
Dao melde sick so ganz vüörsichtig Röwekamps Fränzken un sagg:
„Nein, Herr Bischof."
Äs de Bischof em dann frogg, waorüm he dann nich tweemaol tauft wäeden konn, dao keek Fränzken iärst denn Lährer un dann denn Bischof an, un dann schweeg he.
Äs de Lährer dann sagg:

„Nun Franz, nun sag es doch, du weißt es ja.“ Dao sagg Fränzken:
„Der Herr Bischof kann nicht noch einmal getauft werden, weil die Hebamme ihn jetzt nicht mehr tragen kann.“

Een Kiärkgänger nao de Hohmiß: „Großartige Priäg vandage! Endlick heff ick äs eenmaol dat Geföhl hat, dat he mi nich menne.“

Up'm Buernhoff, fröher un vandage

De Buer is Küenink in sien Riek, dat was fröher so, dat is auk vandage nao so. He kann up sienen Hoff daohen un laoten wat he will. Wenn man so'nn Hoff betrachtet, de so mitten in de Kämpe ligg, ümgiewen von Eiken, Hiegen, Wiesken un Busskwiärk, dann is dat 'nen häerlick Bäld in Guott's schöne Wiält.
Lange Daage mossen usse Buern alltiet maken, un dat müer't se auk vandage nao, süss wäed se met de Arbeit nich ferrig. An de Fiefundiärtig-Stunn'n-Wiäk, wao de Gewiärkschaften drup löss willt, dao könnt usse Buern üöwerhaupt nich dran denken. Dat is jä auk nich so schlimm, denn bi't ganze Tömiggaohen dao kümp nicks Guets bi herut. Bi all iähre viellen Arbeit könnt de Bu-

ern obber auk äs maol'n Dagg utspannen, wenn't nich jüst in de drocken Tiet is.
Summerdaggs, wenn't muorns män so iäben lecht wätt, dann weckt de Vüegelkes de Landlüe al von allen Sieten. Wenn de Buern nao in'n Bärre lickt, dann könnt se al höern, wu de Grönspecht düör't Holt lacht. Fröher, dao weckten de schönen, bunten Hahns; obber Höhner un Hahns de brängt nicks in, de mossen von'n Hoff vörschwinden.
Wat saog dat fröher schön ut, wenn de Klucken met iähre Kükskes üöwern Hoff trocken off ächter de Gaorenhierg leipen. Dat wassen miästens so Diälhöhner in alle Farwen. Auk Rüens, klein off graut, de fröher to't Waaken unbedingt nairig wassen, de süht man vandage kaum nao, dao geih't aohne. Schult Mawert de steiht nu nachts tweemaol up un geiht üm't Hues. Dann bliekt he so lut, dat man't wiethenn höeren kann. He män't, dat he daomet 'nen Kiedenrüer inspart.
Fröher kreeg Bennätzken auk nao'n paar Duwen, kinne Breefduwen, ne so bunte Pannenkackers. Auk dat kleine Tresken kregg to iähre Freide 'nen paar Zwerghöhnkes. Dat Kleinveeh is vandage von'n Hoff vörschwunden, daobi was dat Liäben met de Huesdierkes so schön.

Vandage holt de Buern bloß nao Veeh, dat wat inbrängt, Küh, Bullens un Schwien. Ne Utnahm makt de Piäre, de Rietpiäre. Man süht se boll üöwerall, un dat is guet so. Waorüm söllt de Buernjungs nich auk iähren Sport hemm'm, jüst so guet, äs de Städtkes iähren metunner unwies düeren Football. Äs is auk guet, dat de Buern nao Piäre holt, süss wassen de trüen Diers bloß nao in'n Zoo to seihn.
Wat häw sick up'm Buernhoff nich all's ännert. De

schönen Dieks, wao de bunten Ahnten drup schwammen, wao de Leisblomen un annere Waterblömkes dran wossen, se sind längst toschütt't. Auk Moders Stolt, de schöne, pricke Gaoren met de Bussbaumkanten drinn, se sind nich mähr, off se sind nutz kleiner makt wuorn.

Wao sind de aollen Spiekers bliewen? Se wuoren affbruoken off vörkofft. Se staoht nu faken an ruhige Plätzkes. Rieke Lüe häbbt se upkofft, un äs twette Wuohnung wunnerschön torecht makt.
Auk usse schönen Wallhiegen häbbt se faken rutschmierten off so schmal makt, dat recht kien Vüegelken mähr drin nösseln will. Usse schönen aollen Wiernun Eikenstuken de sind auk boll ganz vörschwunden, un dao nösselten so gäen graute un kleine Vüegel drin.
Dao denk ick nao so oft an Niehues Carl, so'nn Schult in Nordwoll. De sagg äs to mi:
„Du Bernard, wi harren jä von Jaohr Wiehnachten drei Fiertage. Dao häw wi 'nen Dagg vüörhiär met't Piärd so'nn dicken Eikenstuken üöwer de Diäl an't Häedfüer schliept. Wat denkst du Bernard, äs wi an'n diären Fierdagg so nett an't Füer satten, dao sprunk doch tatsächlick nao'n Eeken drut."
Niehues Carl de mok so siene Spässkes. Äs ick maol bi em was, un em so'nn Schriewen brängen moß, dao fraogg he mi, off ick äs'n schön Fiärken seihn wull. Jck sagg:
„Wuso, is dat dann 'nen besonners schön Schwienken?"
„Jau", sagg he, „dat ist, gaoh män äs met." Wi gongen üöwer de graute Diäl in't Schwienhues.
„Hier ist", sagg he. Dao stonn ick vüör'n ganz graut Schwien, so'nn graut Dier har ick nao nie seihn, et waog siewenhunertunteihn Pund.

Äs ick dat Dier so bewünnere, dao wasst mi so, äs wenn mi plötzlick een in't Gatt tratt. Jck was ganz vörfähert un de Schult lache lut up. Dann saog ick, dat ächter mi 'nen Rehbuck stonn, de mi stott har.
„Ne-ne-ne", sagg de Schult, dat soss du jä nich daon", un dann kreeg he denn Rehbuck bi'n Kopp un stoppene in'n lürigen Schwienestall.
„Dat dööt de aolle Buck doch ümmer, wenn hier Besök is, et wett höchste Tiet, dat wi dat Dier wier in'n Bussk brängt", sagg de Schult.
Winterdaggs, wenn de Natur ruhe, dann harren't de Buern auk luck ruhiger. Dann wuor dat Veeh vörsuorgt, diäsket un an drüge Dage gongen die Mannslüe in't Holt. Se moken Brandholt un Busken füör't ganze Jaohr.

Nich to vörgiätten is auk de Schlachttiet. So dreimaol in'n Winter wuorn Schwien schlacht, dat moß dicken Speck hem'm. Wenn man winterdaggs in de Buerschoppen gonk, dann konn man von wiethenn al höern, wao'n Schwien schlacht wuor. Dat arme Dier wuor jä fröher nich iärst bedübelt, ne, dat Schwien wuor an'n Grund leggt un met Stricke an de Been guet fasstbunden. Twee Mannslüe drücken dat Dier dann fast an'n Grund. . . Man konn't von wieten an't Quieken guet vörnierm, wann dat Stiäwestündken to End gong.
Eenige Dage later gonk dat Wuorsten löss. De Buernfrau kreeg dann de grauten Pötte up'm Häed un dann wuor Schmollt, Wuorst un Wuorstebraut makt. Dat was 'ne guete Tiet, alle Dage pännken-fett. Von nu an wuor wiäkenlang nich bloß guet giätten, sonnern auk düörhenn satt.
Öhm Heinrich, de in siene besten Jaohre was, de konn unnürsel iätten. Se schauwen em obber auk alls to, wat

wegg moß. De Schürdel de moß Öhm Heinrich alltiet rein maken.
Eenes meddags kamm Öhm Heinrich von't Buskenmaken nao Hues. Dao sagg he to sienen Broer Franz, wat de Buer was:
„Du Franz, ick mot gistern doch wull toviell giätten hem'm, ick moß nämlick iäm'm in'n Bussk ut de Bux un daobi dreimaol anriepen, dat ick't ächter mi laoten konn."
Ja de Öhm's de häbbt in sick. Jn Rinkerogg dao was so'n Öhm August, de konn nachts nich in eens üöwerliggen. Dao satten se äs aobends an't Häedfüer. De Öhm vörtelle dao:
„Nachts so üm drei Uhr herüm dann mot ick alltiet upstaohen. Dann gaoh ick üöwer de Diäl nao'n Hoff un lao dao luck Druck un Water aff. Un dann laok mi denn frissken Wind so'nn biertken unnert Hiemd weihen. Wenn'k dann wier in'n Bärr kuem, dann kann'k faots wier inschlaopen."
Vandage schlacht de Buern bloß nao selten up'm Hoff. Se brängt iähre Schwien in'ne Schlachterie un halt de ferrigen Wüörst un dat Wuorstebraut eenige Dage laater wier aff. Se wuorst auk deswiägen bloß nao selten up'm Hoff, weil viell junge Buernfrauen gar nich mähr so richtig wuorsten könnt.
Fröher dao küerten de Lüe up'm Lande platt. Wenn de Kinner boll in de Schoul kam'm, dann lähre de Moder iähr hauchdütsk küern, daomett se denn Anfang biätter kreegen.
De Lährer Kleutsch de frogg äs in'ne Fröhstückspaos denn kleinen Klävers Hubert:
„Sag mal Hubert, was hast du da auf der Hand?" Hubert sagg:

„Dat is'n Buotterramm."
„Nein Hubert, das ist kein Buotterram, das ist ein Butterbrot."
„Ne-ne", sagg Hubert, „dütt, wat ick hier up miene Fust heff, dat is 'nen Buotterram."
Wenn de Buernkinner fröher in de Schoul kammen, dann wassen se iärst luck spee. Wenn se sick obber maol inliäwt harren, dann wuoren se munter un dann wassen se nett so klook äs de Düörper Kinner auk.
Et is schade, dat usse Landlüe kaum nao plattdütsk küern willt, obschon se met de plattdütske Spraok viell biätter all dat säggen könnt, wat iähr in deipste Siäl beweggt.
Jck kamm äs vüör etlicke Jaohre up'm Buernhoff. Äs ick an de Düör schellde, dao mok de Oma de Düör löss un leih mi harin. Jck sagg up platt:
„Gueten Dagg", üm faots 'nen biätteren Kontakt to kriegen. De Oma sagg up hauichdütsk: „Guten Tag."
Ick draog iähr mien Anliegen vüör, wier up platt. De Oma gaww mi Antwort up hauchdütsk. Ick miäke wull, dat iähr dat Hauchdütske nich so lagg. Äs wi us so'nn Tietken unnerhollen harren, dao sagg se:
„Einen Moument, ich hole eben meine Schwiegertochter." Dao kamm so'nn fien Dämken heran, dat moß wull ut de Stadt kuem. Et har sick so'nn biertken bunt

---

„Beklag di nich üöwer't Wiäere. Wenn et sick nich ümmer wier ännern deih, dann konn'n niegen von teihn Mensken kien Gespriäk anknüppen."

---

makt, raude Fingerniägel un dann so'nn biertken hiemmelblau üm de Augen.
Nu küere dat junge Frauken met mi natürlick bloß hauchdütsk, ick bleew obber bi mien plattdütsk. De Oma sagg nich viell mähr, bloß so aff un to sagg se „jau, jau, jau, jau."
Wi häbbt us 'nen ganz Tietken guet unnerhollen, obber ick hefft nich schafft, de beiden Landfrauen up dat Plattdütske to brängen.
Eenige Tiet laater kamm ick äs wier an denn Hoff vörbi. Dao was an de Straot 'nen ölleren Chausseearbeiter bi siene Arbeit. Ick wass niesgierig un ünnerholl mi so'nn biertken met em, auk üöwer denn grauten Buernhoff. Äs ick em dann sagg, dat se dao 'ne nette junge Frau up'm Hoff kriegen hann'n, dao sagg he:
„Ja, dao häbbt se wüerklick Glück met hat, dao sind se al guet met tofriär. De kümp jä wull ut de Stadt, obber iähre Arbeiten äs Buernfrau mäck se tosammen met de Oma guet. Niäbenbi is se auk nao Lährin hier in't Duorp, un auk dao müeg se de gäen lieden. Kinner häbbt se jä nich, obber met de Kinnerie dat föllt jä vandage nich mähr so met äs fröher. De Buer de kann obber wull lachen, he heff 'nen guet Inkuem ut sien grauten Hoff un siene Frau de krigg dat schöne Lährergeholt un dann in't Aoller de schöne Pankßion."
Ja, so is dat vandage up'm Buernhoff, alls wett ännert un ümkrämpelt, ümmerdüör gifft wier watt Nie's. Schlimm is et allerdings, dat auk usse Landvolk de guete, aolle plattdütske Spraok nich so recht mähr spriäken will. Daobi wüör et doch müeglick, beide Spraoken to spriäken, hauchdütsk un plattdütsk, so äs usse Vüörfahren dat alltiet makt häbbt.
Denn gueten aollen Wunsk, de sick dat Landvolk fröher

toreip: „Guott helpe di!“ de höert man vandage nich mähr, weil't denn up Hauchdütsk wull nich giff.

Denn Hahn ersetten

Ringeljanns August de föhere met siene Frau met't nie'e Auto up Buernvisite. Unnerweggs tüssken Greim un Ladbiägen dao leip em so'nn Tröppken Höhner met'n Hahn vüör'n Wagen. De Hahn de leip em jüst vüör't Rad un was sofort daut.

„Dat is jä schade, dat dat jüst de Hahn is," sagg siene Frau, „de Buer de häw sicher bloß denn eenen Hahn."

August brach denn dauden Hahn in't Buernhues, daomet se'n nao vörbruken konnen. Dann sagg he to de Buernfrau:

„Et döt mi leed, dat ick denn Hahn üöwerföhert häw, ick konnt obber nich vörhinnern, he leip mi direkt vüör'n Wagen."

„Ja, ja", sagg de Buernfrau, „dat is jä wieders nich so schlimm, obber wi häbbt bloß düssen eenen Hahn."

„Guott ja", sagg August, „wenn't dann nich anners is, dann will ick denn Hahn jä wull ersetten."

„Dat is jä guet un schön", sagg de Buernfrau, „ick weet obber nich, off de Höhner daomet invörstaohen sind."

„Dat wassen nao Tieten, äs de Lüe sich nao sunndags utruhen un nich maondags, äs Wohltätigkett nao 'ne Tugend was un kien Stüerafftrecksposten."

Mawers Franz

Mawers Franz de gonk faken aobends von de Arbeit nich faot's nao Hues. He troff sick dann met so'nn paar Kumpels in de Wirtschaft Grabben. An de Thek wuor dann helle diskuteert üöwer Politik un annere Saken. Daobi wuor dann een Beerken nao't annere in't Liewken guoten.

Dao kamm Franz eenes aobends luck laat nao Hues. Siene Anna namm ïähren Goldfasan in Empfang un sagg: „Du ösige Kärl, watt kümps du doch al wier so laat nao Hues un watt häss all wier suopen." See schimpe un schandudele wieder, al män to. Franz höere sick dat ganz gelaoten an, he leih siene Anna richtig utküern. Dat deih he ümmer, schwiegen mennt he, is in socke Situationen ümmer richtig.

Franz sien Schwiegen brach Anna obber iärst recht inne Been. Äs de Schimperie ümmer harre wuor, un gar kein End namm, dao sagg Franz:

„Nu schwieg män Anna, waor ick wesst bin, dao wassen se met mi bestens tofriäer, un wenn du dat nich büs, dann moss't män säggen, dann gaoh ick faot's wier üm."

De Jung frogg sienen Vader: „Sägg äs Pappa, wu düer is dat, wenn man hieraot?". „Dat weet ick nao nich", sagg de Vader, „Ick bin nao an't betahlen."

Kuhlmann's Tresken

Tresken was 'ne resolute Küötterfrau. Se was von muorns fröh büs aobends laat up de Been. Dat moß se auk, denn se har acht Kinner, und de wullen al vörsuorgt sien. Daoniäben moß se nao deelwiese dat Veeh vörsuorgen, denn grauten Gaoren in Schuss hollen, auk stunnenwiese up'm Kamp helpen.
Kuhlmann's Vader deih niäbenbi Geld vördeinen, denn von de Küötterie alleen konn de graute Familg nich liäwen. He was Müermann, un Arbeit konn he alltiet genog kriegen. Tresken leih iähren Mann so oft et gonk nao de Arbeit gaohen, denn Geld feihle jä ümmer.
Äher Hubert muorns ut'n Huese gonk, deih he Tresken al viell Arbeit ut de Hand niemen. He fohere de Küh un Schwien. Dat Melken deih he al ganz fröh, weil de Miälkbüssen al üm halwsieben an de Straot staohen mossen. Hubert was daobi siälenvörgnögt, he was üöwerhaupt trotz aller Arbeit ümmer guet tofriär. He telle to de fröhlicken Mensken, un de häbbt jä mähr von't Liäben.
In de Wäetshües dao gonk Hubert kaum harin. Dao was Tresken auk heel froh drüm, denn dao wet't Geld häufig lichtferrig utgiewen, menn't se. Obber dat Schüttenfest in de Buerschopp dat mok Hubert alltiet met. Tresken konn dann bloß naomeddags so'nn paar Stündkes met em gaohen, se moß aobends bi de kleinen Kinner bliewen.
Äs Hubert an'n twetten Schüttendagg aobends nao laat an de Thek satt, un dann luck green, dao froggen se em, wat he dann to grienen har. Dao sagg he ganz bedröwt: „Ach ja, dat Schüttenfest is nu boll vörbi un ick hefft Geld nao nich up."

Tresken har met iähre acht Kinner ümmer alle Hann'n vull Arbeit. Muorns iärst moß se fief Kinner nao de Schoul maken. Se mossen jä al eenigermaoten rein sien un guete Buotterrams metniemen.
Wenn se dann saog, dat dat een off annere Kind nao Driet inne Öhrkes har, dann namm se denn Timpen von iähre lange, gruaowe Schürz, mok dao luck Spiege drann, un dann gonk se daomet in dat lütke Öhrken, so dat dat Kind män so päpe.
„Ick sall di helpen", sagg se dann, „seih naichstens to, dat diene Aohren rein häss."
Wenn de Schoulkinner ut'n Hues wassen, dann holl Tresken de drei kleinen Kinner ut de Bättkes. De mossen dann iärst äs rein und drüg makt wäeden. Wenn se dann Büxkes off Kledkes anharren, dann deihen se met Mamma Kaffeedrinken. Dat wüör füör Tresken de schönste Stunn an'n Dagg, wenn se muorns met iähre Kleinen an'n Dissk satt. Se keek se dann al so möderlick an un dacht bi sick, dat et wull nette Kinner wassen, wenn se auk allbineen iähre Öhrkes luck wiet von'n Kopp staohen harren, obber dao konnen se jä nicks dran maken, dat harren se von de Pappa iäwt.

Äs dat siewte Kind gebuoren was, de kleine Paula, un Tresken daomet in'n Bärre satt, dao kreeg se Besöök von iähre öllste Süster u't Duorp. Un äs de de kleine Paula saog, dao sagg se:
„Mein Guott Tresken, wat is dat doch 'nen nüedlick Dingen."
„Jau," sagg Tresken, „dat dücht mi auk wull, dat is wull gerott, dat Kind wuck auk nich wier missen, füör't ganze Küenigriek Prüßen."
Äs dat achte Kind gebuoren was, dao saggen de Mannslüe up'm Bau to Hubert:

„Sägg äs Hubert, du häss doch nu met acht Kinner genog."
„Och Ja", sagg Hubert, „et is obber genog, dat ick mi met't Geld behelpen mot, met de Blagen willk et nich daon."
Sunndags muorns hat't Tresken besonners drock. Dann gonk se nao de Fröhmiß, un dann moß Hubert solang bi de Kinner bliewen.
Üm sess Uhr leip se dann al löss, ächter Stüwings Bussk hiär, dann dat Kiärkpättken nao büs an't Duorp. Äs vielle Landfrauen dat daomaols moken, so gonk auk Tresken vüör de Miß in so'nn kleinen Laden un gaff iähre Tassk, met'n Bestellschien un Portmounee drinn, aff. Dann gonk se inne Kiärk.
De Ladenfrau, Meiners Liesken, de deih dann unner de Fröhmiß alls in de Tassken, wat up'm Bestellschien stonn, Sucker, Miäl, Saollt, Piäper, auk Pup-Anis un Wuormpatronen füör de Kinner un so wieder. Wat't koste, dat namm se u't Portmounee un dat stimme dann ümmer so.
Kam'm de Frauen dann ut de Fröhmiß, dann gongen se bi Liesken iäm'm in't Stüörwken. Liesken gaut iähr dann 'ne Tass gueten Kaffee in un gaff iähr daobi eenen Suckertwieback, dat deih de Frauen guet un dat koste nicks. Viell Tiet to't küern harren de Landfrauen jä nich, et gonk alls luck gau to.
Eenes sunndags sagg Tresken äs nao't Kaffeedrinken:
„Du Liesken, ick mot laupen dat'k wegg kuem, ick will't wull wierten, sunndags dann freit sick usse Hues up'm Bessem."
Tresken küere nao dat aolle, derbe Platt. Se saggt auk jüst so, äst iähr innen Mund kam. Eenes sunndags sagg se to Liesken, äs se Kaffee drunken har:

„So Liesken, nu wet't höchste Tiet dat'k gaoh, denn an ussen Hues ist bi de viellen Blagen al eene Miegerie un Schieterie."
An eenen Sunndagg in de Wintertiet kamm Tresken muorns fröh düör denn deipen Schnee nao de Fröhmiß. Äs se nao de Miß bi Meiners Liesken iähr Köppken Kaffee drunken har, dao mok se egentlick 'nen vörgnögten Indruck. Se sagg, äs se wier nao Hues gonk, to Liesken: „So Liesken, nu laot di't guet gaohen, wi häbbt von Wiäk schlacht und diärsket, de Schmacht de kann us nu de iärsten Vetteihndage in't Gatt lecken."
Tresken is nich aolt wuorn. Se häw't nich mähr beliäwt, dat twee von iähre Döchter in't Klauster gongen. Beide wassen vielle Jaohre Oberinnen in Krankenhüese. Hubert, iähr Mann, wuor aolt. He bleew büs in't hauge Aoller gesund un was alltiet guet tofriär.

„Wenn wi us guet föhlt, dann häbb wi ümmer 'ne ganze Masse guete Raotschliäg füör de Kranken."

De Pilze

Lehmanns de kreegen von Bekannten 'ne graute Pottion Pilze. Se mochen de Dinge obber nich iätten, weil se bange wassen, dat gifftige drunner sien konnen.
De Frau Lehmann de wass nich dumm, se mok iäst äs

wat ferrig füör denn Rüer. De Rüer fratt se gäen un bleew auk gesund daobi. Nu att de ganze Familge Lehmann met gueten Apptit Pilze.
Se harren se kaum giätten, dao kam dat Dennstwicht in'n Stuowen laupen un sagg:
„De Rüer is daut."
Alls sprung up, graute Upregung bi Lehmanns, alle föhren sofort nao'n Dokter. De pump iähr denn Magen ut, dann mossen se Medizin innie'm un dann konn'n se wier nao Hues föhern.
Frau Lehmann frogg dann iähr Dennstwicht:
„Sägg äs, Maria, häw de Rüer nao quiälen moßt?"
„Ne gar nich", sagg Maria.
„Wu kam dat dann so", frogg Frau Lehmann.
„Ach ganz eenfack", sagg Maria, „de Huesdüör stonn löss, dao leip Walli harut un liekut vüör't Auto, un dao was he bumms daut."

„Man kümp biätter düör't Liäben, wenn dat Hiärt ümmer 'nen biertken weeker is äs de Kopp."

De Kiärspels-Wammsklöppers

Up de Düörp gafft fröher auk henn un wier Lähres, wao man up't platte Land „Kiärspels-Wammsklöppers" to sagg. Dat wassen Häerns, de unnürsel up de Jungs schlaoggen. Angst un Schreck harren de Jungs al, wenn

se bloß iähren Lährer saoggen off sienen Namen höerten. Bi jede Kleinigkett kreegen se Wämse met'n Rohrstock düör de Hann'n off up't Ächterpannt. Wu de Jungs dachten, dat sägg us dütt Sprüesken:
„Wenn de Lährer nich metvörbrannt is, dann ist al män nix, sagg de Jung, dao was de Schoul affbrannt."
Schlecht kam'm ümmer de dummen Jungs wegg, weil se auk bi'n besten Willen dat nich läern konnen, wat de klökeren schafften. De Wamms-Klöppers deihen dann met'n Stock gründlick naohelpen. Beklagten sick de Jungs dann bi iähre Ellern, dann kreegen se to Antwort: „Dann moß du män arig sien, guet uppassen un düfftig läern."
Oft wasst auk so, dat de Jungs, wenn se in de Schoule Schliäg kriegen harren, in Huese auk nao 'ne Laoge naokreegen. Söcke Lährers de wussen sicher gar nich, dat giegen Dummheit kiene Medzien un auk kiene Schliäge helpen kann.
Twee junge Kärls ut'n Düörpken bi Ahusen saggen äs: „Wi hann'n düfftigen Lährer, he schlaogg obber toviell. In jede Stunn kreegen 'ne ganze Riege Jungs dat Ächterpannt nutz vörsüölt. Füör jede Kleinigkett, de em nich poss, gafft Schliäge. Wi wassen daomaols froh, äs de Kärl in Panßion gonk. Wenn wi vandage üöwern Kiärkhoff an sien Graww vüörbigaoht, dann bliew wi'n Moument staohen un denkt ümmer nao an siene Klopperie – kien schön Gedenken–."
Nu gafft unner de grauten Jungs auk wiärke, de wassen aohne Stock gar nich to bännigen, de harren ümmer Lierlicketten in'n Kopp. Dao moß de Stock für Ordnung suorgen, süss gonk't würlick nich.
Et was kuort nao'n iärsten Wiältkrieg. De Lährers wassen daomaols gröttstendeels nao in Gefangenschaft.

Dao mossen de Lährinnen denn Unnericht bi de Jungs metmaken. Bi de grauten Jungs mok dat de öllste Lährin. Dao wull se äs wat Nie's anfangen, de Jungs sollen Saoterdaggs dat Evangelium von'n naichsten Sunndag jüst so guet utwennig upsäggen können, äs de grauten Wichter. Dat konn se obber so recht nich antogg kriegen.

Äs se eenes saoterdaggs frogg, we dann nu dat Evangelium upsäggen konn, dao melde sick bloß een'n Jungen, so'nn grauten Hiärm ut de twettünnersten Bank.

„Nanu", sagg de Lährin, „du kannst es, das ist ja interessant, dann sage es mal auf." Hiärm stonn up, he leih sick so'nn birtken Tiet un dann legg he löss:

„In jener Zeit – in jener Zeit – in jener Zeit", wieder kam he obber nich, un dann fong he an to gnesen un to lachen un met em de ganze Klass.

De üöwerall beleiwte, düfftige Lährin bruke denn Stock ganz selten, obber nu wull se denn lierlicken Hiärm äs so iärtlicke üöwern Rüggen trecken. Ganz irwerig leip se an de Bank un schlaog denn Hiärm so wisseweg wat up't Krüs.

Äs se daobi in iähre Upregung auk denn Kopp von Hiärm troff, dao wuor de Jung reineweg unwies. He sprung de Lährin an, reet iähr denn Stock ut de Hand, schnappe se vüör inne schwatte Blus un trok se luck henn un hiär.

Nu was Holland in Naut. De guete Lährin sette sick up't Kateder, iähr Kopp was knallraud, iähre Haore ganz düörneene. Se har vörspierlt. Äs dann de ganze Klass lachte un met de Hollsken trampele, dao gonk dat Fräulein Lährin ut de Schoul harut.

Et duere obber nich lang, dao kam 'ne annere Lährin un unnerichte wieder. Müskenstill wasst in de Schoul,

von't Evangelium wüör nicks mähr säggt.
Obber maondags muorns ganz fröh dao kam de aolle Gemeindeamtmann in de Schoul un schimpe mächtig met de Jungs. In't Kittken sollen se, so sagg he, wenn se nao eenmaol so unarig wassen. Dat nam'm sick de Jungs doch to Hiärten, obber de guete Lährin heff bi de grauten Jungs kinnen Unnericht mähr giewen. Dat mok dann 'ne annere Lährin, aohne Stock un aohne Schimpen un dat klappe ganz guet.
In So'nn Duorp in't Mönsterland dao han'n se fröher jaohrelang 'nen Lährer, de was äs Wammsklöpper wiet un Siet bekannt. Dat was de Häer Weiß. He wull de Jungs unbedingt Ordnung bibrängen, un dat met sienen Rohrstock. De Schoul lagg direkt an'n Kiärkplatz, met eene Siet boll an de Kiärk. De Lährer wull nich hem'm, dat de Kinner up'm Kiärkplatz spielten, naige an de Kiärk sollen se sick ganz ruhig vörhollen.
We giegen sien Gebott vörstott, de trock he üöwer de Schoulbank un dann gawwt gehörig wat up't Ächterpant.
Dao saog Lährer Weiß äs, dat sick meddags nao de Schoultiet twee graute Jungs up'm Kiärkplatz luthals täggten un herümschlaogen. De Lährer reip denn Hauptschreihals to: „Meilers, morgen früh melden." De Jung wuß nu, dat he sick bi Schoulanfang an de Bank stellen moß, üm sick 'ne derbe Tracht Schliäge to halen. Meilers was'n Schlächterjungen. He vörtelle een von iähre Gesellen, wat em an'n anneren Dagg bleihe.
„Och", sagg de Gesell, „dat mäcks so, du nimm's 'ne kleine Schwiensblaos, dao döss du etwas Bloot drinn un dann häng's di dat Ding inne Bux. Wenn de Lährer dann toschlött, dann platzt de Blaos un dat Bloot löpp an de Been harunner."

De Jung, de daomaols 'ne dreivedellange Bux draug, deih dat un et klappe guet. Nao de iärsten Schliäge schreie de Jung mächtig up un äs de Lährer saog, wu de Jung dat Bloot in de Hacken leip, dao kreeg he't met de Angst, denn he schicke de Jung faot's nao Hues.
De Jung mok iärst äs acht Dage Ferien, vörtelle obber nicks daovon. Iärst een Jaohr later, äs Meilers Jung all ut de Schoul was, dao konn de Lährer Weiß in de Karnevalstietung liäsen, wu em de Jung harinleggt har.

„Man läernt siene Arbeit iärst richtig schätzen, wenn man sick eenmaol vüorstellt, wat man aohne Arbeit wüör."

Kathrin iähre Krankheiten

Hiärm un Franz satten bi iähr Elm-Uhr-Schnäpsken.
Franz: „Wat giew't Nies in't Duorp?"
Hiärm: „Nies giew't nich viell, et is jä auk Fastentiet, un dao liäwt alls so ruhig wegg."
Franz: „Obber 'ne Masse Lüe sind krank. Dat mot wull luck in de Luft liggen, met dat vörännerlicke Wiär. Dat is jä auk alle Jaohr so, wenn de Baim utschlaot't, dann is dat jüst so geföehrlick, äs wenn de Piär utschlaot't."
Hiärm: „Sogar bi mie'n Naober de Kathrin hät't nu auk packt, un dat is doch 'nen Taobast, äs se in't Book

steiht. De is all wull vättig Jaohr daor, hät ümmer so de ruhe Arbeit daohen, un von't Kranksien hät se nie wat wietten wullt. Se sagg doch vüörige Dag muorns to de Miärske:

„Frau mi ist gar nich guet, sall ick dann wull krank wäeden?“ De Miärske sagg iähr kuort un entschluotten: „Dann män faots nao'n Dokter henn. Maak kinne lange Fissematenten, treck di män'n Mantel üöwer un dann män in't Auto!“
Kathrin wull sick iärst nao wassken un luck fienmaken, obber dao kamm se nich mähr to.
De Doktor wass baas vörwünnert, dat Kathrin auk äs eenmaol in siene Praxis kamm un sagg:
„Süh Kathrin, auk äs eenmaol bi mi?“
„Ih wiet't jä wull, ick häw't doch ümmer met de Diers to dohn, un de müet't mi wull anstickt hämm'm. Ick häw wull drei tierische Krankheiten up eenmaol.“
„Nanu“, sagg de Dokter, „dat müet ih mi obber äs naiger vörklören.“
„Ja“, sagg Kathrin, „Bi mi is dat so: Muorns üm veer Uhr wäed ick all wach, dann bin ick all schmächtig äs so'nn niegebuorn Kalw. Meddags bin ick all manks so müde äs'n Piärd, un aobends bin ick vördreiht un gnadderig äs so'nn Rüen.“
„Ach Kathrin“, sagg de Dokter, „dann mot ick juh äs unnersöken.“ Äs he daomet praot was, sagg he:
„Kathrin, ih häbbt nich drei tierische Krankheiten, ih häbbt sogar veer. Ih sind nämlick auk öisig un schmiärig äs'n Schwien.“

„Well sick sölwst biätert, de heff sienen Deel daoto bidriägen, dat sick auk siene Mitmensken biätert.“

De Duorp-Raseeres

Up de Düörp dao gafft fröher bloß Raseeres, de dat so niäbenbi moken. Miästens wassen dat Handwiärkers, de dagsüöwer in Hues wassen. To de Tiet deihen se bloß raseeren un Haorschnieden. Bubiköpp konnen se nich schnieden, de kam'm auk iärst nao'n iärsten Wiältkrieg up. De Fraulüde draugen daomaols al lange Haor, de se flechten un dann äs so'nn Drüwken up'm Kopp bineenstuoken.

Düsse Duorp-Raseeres gongen enige Monate lang an't Wiäkenend in de naichste Stadt un dao wuoren se bi'n richtigen Frisör utbild't. Wichtig was daobi, dat se iähre Raseermesser guet scharp maken konnen.

Wenn se iähre Utbildung ächter sick harren, dann richteten se sick in Huese denn Raseerstuowen in. An iähre Huesdüör hongen se 'nen ganz blanken Teller ut Messing up, daomet auk de früeden Lüe saogen, dat daor 'nen Raseergeschäft wüor.

Nao'n iärsten Wiältkrieg koste dat Raseern teihn un dat Haorschnieden twintig Pennig. Jn de Wiäk, so aobends von sieben büs teihn Uhr leiten sich de Mannslüe de Haore schnieden. An't Wiäkenend kam'm Saoterdags de Mannslüe ut't Duorp un sunndags muorns de Buern, wenn se nao de Kiärk gongen, to't raseeren. Eenige Buern leihen sick bloß alle twee Wiäk raseeren, dann harren se 'nen Grössken spart.

Et gaff daomaols auk Buern, de leihen an't Wiäkenend denn Raseerer in't Hues kuem, dat koste dann bedütend mähr.

August de was auk äs maol saoterdags in alle Fröh met sien Raseerköfferken tüssken de Buern. Dao kam he nao Busshagen Josepp, so'nn flietigen un taohen Westfaolen

in de Wester Buerschopp. He troff em al wiet von't Hues up'm Kamp an. Dao was Josepp met de Piär an't ackern.
„Wat mak wi dann nu", sagg August, „geihs du met nao Hues oder wu söll wi't maken?"
„Ne", sagg Josepp, „ick kann nu nich met nao Hues gaohen, soviell Tiet häbb ick nich, ick mot dütt Kampstück vandage ferrig hemm'm."
„Wu söll wi't dann maken", frogg August nao eenmaol.
„Ach wat August", sagg Josepp, „kuem män to, ick sett mi hier up'm Plogstiärt un dann fang män an." August de gonk an de Kuhle un holl sick luck Water un dann mok he sien'n Seepenschum ferrig. All bi't Inseepen sagg August,
„Josepp, ick gleiw nich, dat dat klappt, de aolle schraoe Ostwind de drügt de Seep faots wier ut un dann schnitt dat Messer nich".
„Schniet män to", sagg Josepp. August fonk an to schnieden, he kam obber nich wiet, dao was de Seep drüge.
„Nu geih't nich mähr, dat Messer päck nich mehr an", sagg August.
„Du büs nich wies, August, pack dien Messer met beide Hann'n an, dann kümpt wull", sagg Josepp.
August seepe nu bloß nao stückskeswiese in, so holl he de griesen Stoppel fücht. Sien Messer har bi de Doherie so henn un wier in't Fell packt, so dat Josepp an mährere Stellen blott. He saog up sienen Plogstiärt nich schön ut.
August de namm'n natt Dook un putze Josepps Gesicht so luck torecht.
„Ach ja, wenn't nao'n biertken blött, dat is nich so schlimm, dat drügt wull wier bi, de Hauptsaak is, dat ick mienen Baot herunner heff", sagg Josepp.

Düsse Geschicht is wüerklick so passeert un de naichste auk.
De Duorp-Raseeres de mossen iähre Kunden auk dann raseeren, wenn se stuowen wassen. Weil de Lüe up'm Lande fröher boll al in Huese starwen, mossen se denn Dauden, wenn he nao in'n Bärre lag, raseeren. Dat deih'n se nich gäen, denn häufig saogen de Dauden gar nich so nüetlick ut.
Franz, so'nn Küötterken ächten in de Buerschopp, har sick auk äs Raseerer utbilden laoten. He raseere de Landlüe, de so wiet ächten bi em in de Buerschopp wuohnten. Niäbenbi spierle he auk nao denn Trecksack up Hochtieten. He was alltiet vörgnögt.
Dao starw in sienen Kundenkreis de aolle Buer Buddenhuorst. Franz kreeg faots Naohricht, dat he denn aollen Mann raseeren soll, äher he in'n Saak kamm. Dat konn Franz nich affsäggen. Dauden raseeren dat mogg he obber nich daon, deshalb gonk he nao August in't Duorp un gaff em guete Wöere, dat he denn Dauden raseeren soll. August deih dat obber auk nich gäen un sagg em, dat he siene dauden Kunden obber sölwst raseeren moß. Franz gonk wier nao Hues un pock siene Raseersaken in. Dann kreeg he siene Pull und drunk iärst äs'ne ganze Riege Schnäpskes, dat he Moot kreeg. Dann gonk he nao Buddenhuorst. De aolle Buddenhuorstke nam Franz in Empfang. Se vörtelle Franz iärst äs, wu iähr guete Mann in de lesten Tiet har lieden moßt.
„Ja, Franz", sagg se, „usse Opa süht deswiägen nich guet ut." Franz höere sick dat an, he wuor all recht spee un sagg bloß nao jau – jau – jau off ne – ne – ne. Dann kreeg Buddenhuorsts Moder de Pull un sagg:
„Du Franz, ick will di iärst män äs'n paar ingeiten, dann kanns et biätter maken. Franz meine dat auk wull un so

drunk he de Schnäpskes, de inguotten wuorn, siermlick flott harunner. Dann gonk he met in'n Stiäwestuowen. De daude Buer lagg mitten in'n breet Bärre, dat in de Eck an de Wand stonn.
„Ja Franz", sagg Buddenhuorsts Moder, „du kanns wull seihn, dat usse Opa düfftig lieden moß." Un dann sagg se wieder: „Franz, nu wick män gaohen, du wess jä nu wull ferrig, ick kuem gliek äs wier."
Franz wass't luck unheimlick, so alleen bi de Lieke. Äs he denn dauden Buer inseepe, dao kam'm de viellen Schnäpskes an't wirken, de he ut lutter Angst drunken har. Met graute Anstrengung har he de eene Siet von'n Kopp raseert. An de annere Siet konn he met'n besten Willen nich herankuem, weil dat Bärre an de Wand obstonn. Franz üöwerlegge un probeere alls ut, et wull obber nich klappen, daobi steeg em de Schnaps ümmer höcher in'n Kopp.
Äs he gar kinnen Utwegg mähr wuss, dao kleie he met een Been üöwer de Liek un nu moß et jä egentlick klappen. He kreeg denn Baot auk nao runner, obber daobi was he so klowig un stief wuorn, dat he von de Liek nich wier runner konn.
Buddenhuorsts Moder duere dat ganze Wiärk so wahne lang. Se gong deswiägen in'n Stuowen, üm äs to kieken, wu wiet Franz daomet was. Dao kreeg se 'nen schön Beld to seihn. Män gau helpen dacht se, un so pock se Franz unnere Arms un trocken u't Bärre. Dann kuoke se em 'nen graut Kümpken vull starken Kaffee. So langsam kreeg Franz dann wier Vörnüll, un dann konn he auk wanners wier nao Hues gaohen, sicher froh daorüöwer, dat he dat Wiärk ächter sick har.
Dat Truerjaohr was längst herüm, dao troff Buddenhuost's Moder denn Raseerer August an'n Utgang von't

Duorp. Se unnerhollen sick so'nn biertken un dann vörtelle se August, wu iähr dat met denn Raseerer Franz gaohen har. Daobi konn se 'nen hiärtlick Lachen nich vörkniepen.

„Nich dat ick Angst vüör't Stiäwen heff, dat nich, ick was bloß am leiwsten nich sölwst daobi.“

Kinner un Kotten

Bi Flasskamps up'm Hoff was de Siängen graut, in Hues un auk in'n Stall. In de Kinnerstuow wassen'd alleen teihn Stück. Un in'n Schwienestall krabbelte un quikte et in allen Ecken un ächtern alle Schliäg.

Eenes Dags kamm de Pastor to Besöök. Dat stonn Flasskamps Moder wull an un se nairigte denn Häern up'm besten Stuowen. Et foll de Pastor up, dat von de Kinner nich een to seihn was.

De Pastor frogg nao dütt un datt, un off se auk wull Glück harren in'n Stall. Dao sagg de Frau:

„Häer Pastor, ick will et ju äs wiesen, dat is't wäet to bekieken."

Daomet namm se denn Pastor met in'n Schwienestall. Jau, dao was jung Liäwen ächter alle Schliäg, gar nich to tellen. De Pastor frogg dann:

„Kuem't de kleinen Schwienkes dann bi düt schöne Wiär nich auk äs luck nao buten? Dat moß doch een lustig Beld sien." Flasskamps Moder keek denn Pastor ganz graut an un sagg:

„Häer Pastor, we soll dann ächternao alle Schwienkes wier infangen un in'n richtigen Schlagg daohn? Miene Blagen, de häw ick vüör 'ne Stunn al nao buten jagt. Ick sinn heel froh, wenn ick de von Aobend al wier in'n richtigen Schlagg häw. Makt mi nich auk nao Malessen met de Kotten!"

„Dat Glück ligg up'm halwen Wegg tüssken toviell un towennig."

Doktor der Rechte

Klüngelkamps Truta, 'ne Buernfrau ut Ollenbiärg, de har al längere Tiet so'nn Stiäken un Trecken in de linken Buorst. Se har so allerlei Huesmittel daogiegen brukt, obber dat wuor un wuor nich biätter. Eenes Dags sagg se to iähren Mann:
„Du Franz, ick will doch äs nao'n Dokter gaohn, ick tru de Saak nich mähr, ick will't wietten, wat't is."
Truta gonk an'n naichsten Dag nao'n Dokter in Ollenbiärg un leih sick unnersöken. De Dokter küere plattdütsk un sagg:
„Frau Klüngelkamp, ick gleiw nich, dat dat wat Besonneres ist, obber to Vüörsicht föhert Se doch äs nao'n Spezialarzt nao Mönster, dat de Se auk äs unnersöch, dat is biätter, un dann wirt wi, wu wi dran sind. De Dokter in Mönster könnt Se licht finden. Wenn Se ut'n Bahnhoff kuem't, dann müet Se liek ut üöwer de Straot gaohen, in dat Eckhues up de rechten Siet, dao is he drin."
„Ja", sagg Truta, „dat mok dann män daohen, denn ick will't doch wietten, oft wat Schlimm's is."
Eenige Dage later föhere Truta met'n Zug nao Mönster. Se stonn vüör dat hauge Eckhues un saog, dat dao Schiller von mährere Dokters an't Hues wassen. Nu wüör iähr denn Namen von denn Dokter, de iähr in Ollenbiärg säggt was, vörgiätten. Se üöwerlegge so'nn biertken un dann ducht iähr, dat et de Dokter Beckmann sien moß. Se drücke up de Klingel un dao gonk de Düör auk al löss. Eene Trepp höcher dao stonn an de Düör: Dr. Beckmann – Warteraum –. Truta gonk harin un dao was nich een vüör iähr. Oh, dacht se, dat is jä schön, dao kümp's jä faot's dran.

Et duere auk nich lang, dao mok Dr. Beckmann de Düör löss un leih Truta to sick kuemen.
„Na liebe Frau, worum geht's denn," sagg he.
„Ick bin Frau Klüngelkamp ut Ollenbiärg", sagg se, „usse Dokter de schickt mi to iähr, ick häw alltiet so'nn Stiäken in de linke Siet, un nu sollen Se mi äs unnersöken un säggen, wat dat wull sien kann."
„Liebe Frau Klüngelkamp", sagg Dr. Beckmann, „da sind sie hier falsch, ick bin Dokter der Rechte."
„Ach sooo", sagg Truta, „füör de rechte, ne ick häw dat jä met de linke, obber dann müet Se entschuldigen Häer Dokter, ick häw nich wietten, dat et füör jede Siet 'nen annern Dokter, giff."

„Nicks brängt 'ne Frau mähr in de Been äs'n Mann, de iähre Wut nich miäken will."

Eene öllere Frau sagg üöwer'n schön jung Wichtken ut de Naoberschopp:
„Äs was klook von iähr, in een Aoller to hieraoten, wao se nao nich wuss, wat füör eene Dummheit se daor makt heff."

Leiwe Lüe!

Unnürsel dei ick mi freien, wenn Ih bi't Liäsen von dütt Book auk maol hiärtlick lacht häbbt.
Et giew so viell Mensken, de Döhnkes un Geschichtkes wunnerschön vörtellen könnt, obber de schönen Stückskes upschriewen, dat se nich vörluoren gaoht, dat dout bloß wennige.
Villicht häbb Ih dat eene off annere Döhnken un Geschichtken al höert, villicht auk al liäsen. Dat is wull müeglick un auk to vörstaohen. Denn Lustigkett un echten Humor de sind, Guott Dank, üöwerall nao antotreffen, auk in usse Tiet met so viell Unruh, Striet un Angst.
Wao all de viellen Döhnkes un Geschichtkes hiärkuemt, dat kann man bloß ganz selten gewahr wäeden. Et söllt jä de Reiseonkels sien, de de miästen Döhnkes makt. Dat kann wull wall stimmen, denn de höert un beliäwt unnerweggs viell un könnt deswiägen aobends in iähr Quarteer ganz gemäcklick so muntere Stückskes up't Papier brängen.
Un nu bitt ick Ju, hollt faßt an usse aolle Modersprao k, an dat schöne Platt, waomet man viell mähr utsäggen kann, es met dat Haugdütske, weil't von Hiärten kümp un to Hiärten geiht.

Bernard Walbaum

INHALT

Weiteres westfälisches und mundartliches Schrifttum

BERNARD WALBAUM

Usse Bennätzken

Döhnkes, Geschichtkes un Sprüekskes,
fien und groff in Mönsterländer Platt
160 Seiten, 19 Zeichnungen von Paul Wenkers, geb.

BERND SCHMITZ

Wat is de Ape doch 'nen spassig Mensk

Plattdeutsche Schnurren
150 Seiten, 19 Zeichnungen von Paul Wenkers, geb.

GERTRUD VAN DAM

Landlaipers, Spöke, Geister un annere Saken

Kurzgeschichten in Münsterländer Platt
Ausgezeichnet mit dem Rottendorf-Preis
136 Seiten, Linsonbroschur

JOHANN SPRATTE

Dat Kiärkenjoahr up Plattdütsk betrachtet

48 Seiten, Linsonbroschur

Das Lügenjöbken

Anekdoten um Josef Winckler

Gesammelt und im Auftrag der Nyland-Stiftung herausgegeben von Ruth Walter. 110 Seiten mit Illustrationen von Gerhard Vontra, Geschenkband

JOSEF WINCKLER

Schneider Börnebrink

Döhnkes und Vertellkes
440 Seiten mit Zeichnungen von Friederike Lippert,
zwei Leinenbände im Schuber

JOSEF WINCKLER

Ausgewählte Werke

Westfälische Dichtungen in vier Bänden
Zusammen 2665 Seiten, Leinen

Band I: Pumpernickel – Fest der Feste. Band II: Der Alte Fritz spukt in Westfalen – König Lustik von Westfalen. Band III: Im Schoß der Welt – Das Mutterbuch. Band IV: Die Lutherbibel – So lacht Westfalen – Westfalenspiegel.

Münster und das Münsterland im Gedicht

Eine Anthologie durch fünf Jahrhunderte
Eingeleitet und mit Kurzbiografien
herausgegeben von
LISELOTTE FOLKERTS

Etwa 224 Seiten mit 20 Wiedergaben von Gemälden und Graphiken bekannter Künstler des Münsterlandes.
Geschenkband.

JOHANN SPRATTE

Zeit hat keine Bleibe

Erinnerungen an ein altes Dorf
44 Seiten, Linsonbroschur

MARGARETE WINDTHORST

Der Krähenbusch

Erzählungen aus dem Nachlaß herausgegeben von
Inge Meidinger-Geise
274 Seiten mit Vignetten von Alf Depser, Leinen

PETER PAUL ALTHAUS

Was weißt, oh Onkel Theo du . . .

Eingeleitet und herausgegeben von Jobst, A. Kissenkoetter
Unbekannte frühe Prosa und Lyrik
des aus Münster stammenden Schwabinger Dichters,
162 Seiten, 5 Bildtafeln, Geschenkband